T0078221

मेरे हुस्न मेरी इबादत

"इबादती"

अमन कोणार्क

To order additional copies of this book, contact
Partridge India
000 800 10062 62
www.partridgepublishing.com/india
orders.india@partridgepublishing.com

हर शब्द

हर लफ़्ज़

हुस्न को अर्पित

हुस्न को समर्पित

मेरे हुस्न मेरी इबादत

‖ Mí Amado Mí Orar ‖

Título : Tu y yo
(Poesía en Español)

Hemos llevado al límite nuestros sentimientos,
somos como el día y la noche, cuando se funden y se igualan,
cierro mis ojos para mirar tu corazón más fácilmente,
ahora no pienso,
no existe el tiempo, ni la distancia, ni el cielo, ni la tierra.
solo somos tu y yo,
envueltos en nubes de entusiasmo, de éxtasis de amor,
ahora solo existe un deseo desnudo.

Tu cuerpo internandose en mi bosque,
allí nos encontramos, tras la tibia cascada,
muy lejos de la ausencia,
cerca de nuestras almas.

Tus brazos largos, rodean en segundos, mis profundos anhelos,
más tarde o más temprano,
volveremos a hundirnos en la tibia cascada,
que en saltos gigantescos, espumosos y blancos,
llenan mis cordilleras, y se derraman suaves en pos de mis deseos.

@ Ligia Brenes Corrales, Costa Rica

मेरे हुस्न मेरी इबादत

आईना-ए-किताब

सबसे पहले सबसे अहम बात...मैं इस काबिल नहीं कि इस किताब के बारे में कुछ कहुं...लेकिन मोदी की ज़िद...मैंने काफी टालना चाहा पर वो अड़ा रहा....तो कुछ शब्द....

रास्ते नए थे और हमारे कदम अन्जान...
पर हमने साथ चलते चलते..जंगली घास के बीच से इक पगडण्डी बना ली थी...हम इंजीनियरिंग के दौरान हॉस्टल में मिले थे ...हॉस्टल जो कभी सोता नही था...हर वक़्त एक हंगामा सा बरपा रहता था...और उस हंगामे में सबसे ऊँची आवाज़ होती थी मोदी की....
बेफिक्र मस्तमौला मोदी..

हॉस्टल के उन दिनों में हमने कितना सफ़र साथ तय किया...कितने नए रास्ते तलाश किये...और कितनी रातों में अँधेरे आसमान के उस पार तक दौड़ लगाई...

होस्टलर्स के लिए मोदी ने बड़ी सटीक टैग लाइन दी थी.."***Nothing Personal..***"
जहां कुछ भी सिर्फ अपना नहीं...सबकुछ सबका साझा...हर चीज़ हर बात...
ये कवितायें मोदी की बेहद निजी कवितायें हैं ...प्रेम के चरम पलों में लिखी गयीं नितांत व्यक्तिगत अनूभूतियाँ...प्रेम में पगी सच्ची अनुभूतियाँ...लेकिन अगर अनुभूतियाँ सच्ची हों तो बिना दिल के दरवाजे पर दस्तक दिए ही सीधे भीतर उतरकर धडकनों को छूतीं हैं...

कितनों के इश्क का बैंड बजाने वाला मोदी जब इश्क में पड़ता है तो ऐसी कोई किताब बनती है...

दोस्ती में शुक्रिया नहीं होता लेकिन फिर भी इतना भरोसा करने और ये कुछ शब्द लिखने का मौका देने के लिए 'थैंक्स भाई'...
दुआ करता हूँ ये कवितायें वहाँ तक पहुँचें जो इनकी असली मंजिल है...

आदर्श, बालाघाट

Front Cover Concept

A Lady in White Dress (Similar to Traditional Korean Dress inspired from DD National Channel Korean Programme "Dae Jang Geum" "Jewel in The Palace" "Ghar ka Chiraag" Character "Seo Jang Geum" performed by Ms. Lee Young Ae) with the bow head and rose in her hand. Initially rose bud is white and the leaves & stem of flower are dry & brown. She is the beloved. As her lover writes the "Prays" /"Ibaadat" to express his love to her, the rose bud turns into red from white colour slowly with the droplets of the blood of her lover while writing the prays to her in the love which makes the life of her beloved colourful and meaningful.

The dry brown stem and the leaves turn into green slowly and slowly by the beloved hands "Mehndi" (it is the jewel of the hands of the Indian Bride) colour "Henna" like the water droplets requires for rose bud to survive similarly "Husn" "Mehndi" love is gift for her lover to survive and live.

मेरे हुस्न मेरी इबादत

Mirror

It has been a rare pleasure knowing Aman Konark Modi. He is so brimming with energy and enthusiasm that it is difficult for him to content himself with the stresses of activities related to the mega projects of GAIL Vijaipur. No wonder he completed Delhi half marathon in year 2012, even though he had just recovered from fever then.

Considering his energy level it is not surprising that he is about to publish a book of "Ghazals/Shayaris" at his young age. That he is enthusiastic, can remain no secret from the people who happen to know him, the rare penchant for writing romantic poetry that he exhibits is a quality which has surprised me. Writing a few ghazals/shayari when inspired by overwhelming emotions like love, is one matter. Writing close to 267 poems on the subject of love, when roughly touched by that exotic emotion, is a different matter altogether. It takes a sensitive mind, strength of character and a steely resolve to write 267 poems on one subject, even if the subject is no other than "love."

I wish that the skills of Aman keep refining and may God fill his heart with so many emotions and give him such strength of character that the world keeps enjoying the fruits of his literary toil. May God keep him healthy and ever so cheerful that he keeps distributing the scents of his talent.

Lakshmi Raman
Haridwaar

दर्पण

किताबों के पन्ने पलट के
ये सोचते हैं हम
ज़िन्दगी यूं ही पलट जाती तो
क्या बात थी ....

ख्यालों में हमेशा बह कर
ये सोचते हैं हम
सपने यूं ही हक़ीक़त बन जाते तो
क्या बात थी ....

लोग ढूँढते हैं मतलब को
ये सोचते हैं हम
बिन मतलब ही कोई आ जाए तो
क्या बात थी ....

आँसू तो होते हैं ग़म के
ये सोचते हैं हम
कभी खुशी के ही बन जाए तो
क्या बात थी ...

किताबों के पन्ने पलट के
ये सोचते हैं हम
ज़िन्दगी यूं ही पलट जाती तो
क्या बात थी ....

आहना, इंदौर

Speculum

Hi Dear Modi and All,

Modi aur pyaar.....Yeah it is true. He always showered his love and care over his friends, juniors and everybody, he got in touch with. But Modi aur Ishq. Kripya gaur farmaiye - ISHQ. I will say - What a joke?

Now, first of all want to explain this complicated living thing, named Aman Konark Modi.

He is currently working with GAIL India. A stubborn guy. He always did what he desired. I remember him always shouting - "I love you" (Please note down), while going to the college. Once some girls on the way, who assumed that Modi is teasing them by shouting complained to the college authority. We, his friend were shocked - Oh, Modi is such type of guy, who flirts with girls. But na, never. Our doubts got clear. He was shouting, "I love you" for the surrounding and nation.

Then things got clear in my mind, that Modi is a very serious and complicated personality, and what we call - brahmachari type of boy who cannot fall in love.

Few days ago, I heard about this book. I heard some rumours - Modi has fallen in Love and going to write a book which will contain quotes, explaining the condition of Modi's heart, for a girl whom he love (Please note down again).I felt it daydreaming. But finally, I compromised with the truth and understood that miracles happen.

We are eager to read this book and heartily saying I love you Modi (Don't take otherwise - As a good friend forever) and keep going.
Welcome the book - "Mere Husn Meri Ibaadat" "My Beloved My Pray"

Thanks and love,
Your friend
Er. Rishabh Kumar Jain, Saharanpur

एहसास

आँखों में बस कर रहते हैं
ज़रा सा दुखने पर दिखते हैं
ज़रा सा खुश होने पर झलकते हैं
जैसा मानो वह तो वैसे बन कर रहते हैं
न समझो तो पानी हैं समझेंगें तो एहसासों की कहानी हैं,
हैं तो कुछ भी नहीं सिर्फ आँखों में झिलमिलातें हैं
दर्द होने पर झलकाते आरमानों की निशानी हैं
और खुश होने पर आँखें कहानी हैं
ये बस आँखों मे झलकते नीर की कहानी हैं
न समझे तो पानी है समझेंगें तो एहसासों की कहानी है ....

अंजना सिंह तोमर "भगिनी", ग्वालियर

अनुक्रम

मेरे हुस्न मेरी इबादत

|| चित्र ||

मेरे हुस्न मेरी इबादत

कभी भी अल्फ़ाज़ों के सौदे नहीं किए जाते हैं

जिसकी अमानत होते हैं

ये अल्फ़ाज़

ये जज़्बात

ये शब्द

ये नज़्म

उसी के नाम पे दर्ज़ किए जातें हैं

उसी के नाम पे अर्ज़ किए जातें हैं...

"इबादती"

॥ कुछ बातें – कुछ यादें ॥

थक हार के दोस्त को मना-मना के में थक गया
उससे कई बार कहा
उससे कई दफा फरियाद भी कही,
पर
उस हुस्न की तरह
मेरे दोस्त आदर्श को
भी
मुझ पर तरस न आया

और आखिरकार / अंततः मुझे अपनी किताब के लिए फॉरवर्ड या प्रस्तावना या यूं कहिए कि की इस किताब की भूमिका खुद ही लिखनी पड़ रही है । शायाद मेरे दोस्त आदर्श की भी यही चाहत हो कि जज़्बातों के सागर से जिस शख्स ने स्याही में डुबो-डुबो लिखी "इबादतें", वही इसके लिखने की दास्तां बयां करे तो ज़्यादा बेहतर है और बड़े इंतज़ार के बाद मैं यह दास्तां खुद बयां कर रहा हूँ । अमन कोणार्क मोदी जो कि मेरा नाम है - एक इंसा जिसका नाम भी अजीब है, "मोदी" खानदान (बुंदेलखंड महाराजा द्वारा पूर्वजों को दी गई उपाधि) से मिला, पिताजी कोणार्क के सूर्य मंदिर घूमने गए और नाम मिला मुझे "कोणार्क" । रहा सवाल "अमन" का तो वो मेरी माँ की वजह से, जब में सतवीं कक्षा पास आठवीं में दाखिल हुआ तो हर माँ की तरह मेरी माँ भी चाहती थी (है) कि उनके बेटों का नाम हमेशा आगे हो, रोल नंबर आगे हो, पहली बारी उन्ही की ही आए । हर काम में और हर जगह पहले उन्हे ही को मौका मिले । सो मेरी माँ ने मेरा नाम हिन्दी के अक्षर "अ" या अंग्रेज़ी भाषा के अक्षर "A" से रखने की जिद ठान ली, क्यूंकि दोनों ही अपनी-अपनी भाषा की वर्णमाला में प्रथम आते है और कक्षा में बच्चो के नाम वर्णमाला के आधार पे रोल नंबर दिये और लिखे जातें हैं । पर मेरे दिमाग में / मैं तो कुछ और ही सोच रहा था, नाम बदलने का बहाना मिल गया था और अपनी तमन्ना पूरी करने का भी । मैं अपना नाम कुछ उर्दू सा रखना चाहता था क्यूंकि मेरी माँ को उससे थोड़ी नाराजगी सी थी, सोचा रखूँगा तो वह कम होगी और (कुछ शांत सा नाम रखूँगा) सुना था की जैसा नाम वैसा स्वभाव

यानि "यथा नाम तथा गुण" और वैसा व्यवहार व्यक्ति का होता है या विकसित हो जाता है या नाम को सार्थक करने हेतु उससे ऐसा मज़बूरन करना पड़ेगा (पड़ता) । मैं सातवीं तक बहुत ही पिन्ना, बदमाश, हुढ़दंगी, चंचल, उदण्डी और शायद सही शब्द शरारती होगा था । देखा जाये तो सबको तंग और परेशान करने वाला था या कुछ और भी पर्यायवाची शब्द आपके ज़हन में हो तो अलंकृत कर सकते है । सो उन दिनो मैं "कश्मीरनामा" जो की डीडी-1 (डीडी नेशनल) में सुबह 9 बजे आता था और आता है, उसमे हमेशा "अमन"-"अमन" खूब सुना और उसका मतलब जानने की / के लिए कई मरतबा कोशिश की, फिर समझ में आया की उस शब्द का मतलब "शांत-चैन सुख-शान्ति" होता है । सो फिर क्या था अपना नाम रखा "अमन", शुरू में मतभेद होना लाज़मी था माँ और मेरे बीच, जैसा कि मैंने आपको पहले से ही बताया था । मेरी माँ ने मुझे और नाम सुझाए जैसे आकाश इत्यादि, पर मैंने कहा की नाम मेरा है मैं ही रखूँगा । सो माँ राज़ी तो हुई पर बड़ी बमकसत के बाद और उसके बाद "कोणार्क" से बेरुखी होना लाज़मी न था क्योंकि वो तो मेरे बचपन का साथी था और हमेशा रहेगा, सो उसको मैंने अपने नाम के साथ ही रहने दिया । यह करने के लिए मुझे कई तर्क देने पड़े जैसे कि मैं उन दिनों क्रिकेट का आशिक, दीवाना या आवारा और पागल भी हुआ करता था (आप लोग कह सकते है), सो वहाँ से इंडियन क्रिकेट टीम में खेलने वाले दो खिलाड़ी सचिन रमेश तेंदुलकर और सौरव चंद गांगुली के नाम का उदाहरण लेने पर भी माँ कहती एक महाराष्ट्र का और दूसरा कलकत्ता का है और उनकी सभ्यता भिन्न है । पर हम थे ही बचपन से ही जिद्दी और एक बात पे अड़ गए तो अड़ गए नाम तो होगा तो "अमन कोणार्क मोदी" नहीं तो पहले जैसा । माँ को तो "अ" से नाम चाहिए था तो पापाजी ने कहा ठीक है "नाम उसका है उसकी इच्छा है तो रखने दो" । सो इस तरह मेरा या मुझ हाड़मास के शरीर और इंसान का नाम पड़ गया "अमन कोणार्क मोदी"।

यह मैंने इसलिए बताया क्योंकि इस कथन से आपको शायाद कुछ झलक इस इंसा, जिसके ऊपर अमन कोणार्क मोदी के नाम का स्टैम्प लगा है उसका व्यक्तित्व कैसा था और कैसा होने वाला था, परख करने में आसानी हो जाए ।

स्कूल में और घर में अपने नाम को सार्थक करने (बनाने के लिए) का प्रयास शुरू किया और थोड़ा-ज्यादा सफल भी होने लगा । शांत और चुप सा पढाई करने लगा और अच्छे नंबर लाने लगा । एक बात तो बताना भूल गया कि मुझे एल्जिब्रा पाँचवीं से समझ में नहीं आया की +*+=+,+*-=-,-*+=-और -*-=+ कैसे हो जात (बुन्देली शब्द मतलब "जाता") है और इस कारण तो मैं सातवीं में मध्यवर्धी परीक्षा में फ़ेल होने से "1" नंबर से रह गया सो गया गुरु "डीडी तिवारी सर" जो की मैथ्स के टीचर थे (हैं) और उन्होने खूब सिखाया मुझे और अंततः समझ में आ गया (समझ में तो आज भी नहीं हैं आया पर याद कर लिया) वो गणित । उस जमाने में हम लोग गुरु (सर) की इतनी इज्ज़त करते थे कि जिस गली से वो गुजरे तो हम साइकल-बाइकल सब छोड़ भाग पड़ते थे छुपने के लिए, कि कहीं पकड़ गए सो पूछेंगे की पढाई लिखाई नहीं हो रही सिर्फ खिलाई । उस जमाने में हम लोग अपने गुरुओं की दिल से, शिद्तत से इज्ज़त और सम्मान किया करते थे पर न जाने वो आज के जमाने में कहीं खो सी - कहीं गुम सी हो गई है न जाने क्यूं ।

फिर जैसा कि उन दिनो कुछ इस तरह सा चल रहा था की बच्चे 10वीं के बाद बाहर कोचिंग (दुनिया से कॉम्पटिशन करने और उससे जीतने को) के लिए कोटा आदि-इत्यादि जगह जा रहे थे सो मेरे दोस्त भी जा रहे थे सो हमारा (बुन्देली जो की मेरी मातृभाषा है उसमें हम लोग "मैं" की जगह "हम" उपयोग करते हैं) भी मन हुआ की दुनिया को और करीब से जाने का इससे अच्छा मौका और कुछ नहीं मिलने वाला है सो अपने "पन्ना" (मेरी जनम स्थली) (सन् 2003 में) से दूर जा के दुनियावालों में मसरूफ़ होना ही होगा और सीखना होगा अपने पाँव पे खड़ा होना क्योंकि हम (मैं) अपने घर में सबसे बड़े थे और हमारे पीछे हमारे दो भाई उनका भविष्य और पथ प्रदर्शन हमारे पथ के चयन के निर्णय पे था सो निर्णय तो ले लिया और जाना ही है बाहर ठान लिया । "डीएवी" स्कूल में मेरा एक दोस्त "धीरज" जो कि ग्वालियर से आया था उसके पास गए, क्योंकि ग्वालियर घर के पास था कुछ महज़ 350 किलोमीटर दूर जहां कोचिंग फैसिलिटी उस वक़्त मध्य प्रदेश में उच्च श्रेणी की मानी जाती थी, सो वहाँ के बारे में जानने गए और उसने बताया कि वहाँ पे कुछ स्कूल है जैसे कि केन्द्रीय विधालय, रामकृष्ण, सैंट पॉल आदि जहाँ दाख़िला ले कोचिंग की जा सकती है, सो निकल

पड़े ग्वालियर दाखिला (एड्मिशन) लेने । जब बस में जा रहे थे तो हमारी बस छत्तरपुर से गुज़र झाँसी के रास्ते ग्वालियर जाती है । तब दुनिया का पहला सबक मिला छतरपुर में (जो कि गुंडागिर्दी के लिए मशहूर था), रात को करीब 11:30 बजे वहाँ जब बस पहुंची (क्योंकि हमारे पन्ना में कोई रेल्वे स्टेशन नहीं है) तो भूख लगी सो बस स्टैंड में ढाबे में खाना खाने चले गए । वहाँ नियम था कि दुकाने 11 बजे बंद हो जाना चाहिए । पर एक दुकान खुली थी सो वहाँ दाल फ्राई और तंदूरी रोटी खाने लगे, तभी पुलिस आई और उसने दुकान को बंद करने को कहा सो हम और पापाजी बाहर आए तो पुलिस वाले न कुछ पूछा बस एक ज़ोर का "तमाचा" सीधे मेरे गालों पे जड़ दिया और उससे मेरे जबड़े एक दम सुन हो गए, पापाजी ने पूछा कि ज्यादा लगी तो नहीं, तो मैंने कहा नहीं-कुछ नहीं लगी और उन्होनें फिर भी पुलिस वाले को हड़काया । वो थप्पड़ उस वक़्त दुनिया में आगे क्या होने वाला है और किस तरह मुझे अपने आप को इस दुनिया में रहना है समझा बता और सीखा गया और आगाज़ करा गया कि अब सीखने और खुद ही दुनिया से भिड़ने का अकेले ही टाइम आ गया है । सो फिर बस मे बैठे और पहली बार "सतना" (जो कि हमारी नानी का शहर है सिर्फ 70 किलोमीटर दूर था वही ही गए थे) से ज्यादा दूर जा रहे थे । वहाँ स्कूल-स्कूल घूमे और अंततः "केन्द्रीय विद्यालय" में "आशा पंत मैडम" (केमिस्ट्री टीचर) की हौसला आफजाई से दाख़िला हुआ । वहाँ (विद्यालय में) एक खिड़की के ऊपर छजे पे एक सूक्ति लिखी थी (है) "All Round Excellence " जो की आज भी मेरे ज़हन में रची और बसी हुई है । वहाँ मैं स्पोर्ट्स हॉस्टल में रहता था रूम नंबर 6, विंग "A" । उस हॉस्टल में कई प्रांतो जैसे कि बिहार, उत्तर प्रदेश, बंगाल, नेपाल, से आए हुये केन्द्रीय विद्यालय के सुपर स्पोर्टस् पर्सन रहा करते थे और पढाई के साथ–साथ खेल-कूद का खुद अभ्यास करते थे और हरदम नेशनल खेलने जाते और कुछ न कुछ मैडल जीत के आते थे और स्कूल के डॉन कहलाए जाते थे हॉस्टल वाले (जिनसे लड़के-लड़कियाँ कौसों दूर रहा करते थे)। मैंने वहाँ जाना की मैथ्स और बयोलॉजी साइन्स के अलावा कॉमर्स और आर्ट्स जैसे विषय भी होते है। और दुनिया से रु-ब-रु होने लगा, रैगिंग, स्पोर्ट्स जैसे फूटबाल, हॉकी, क्रिकेट के अलावा एथेलेटिक्स के बारे में बहुत कुछ जाना और सीखा, वही से डिस्क्स थ्रो ("नुरुल भैया" से) सीखा और एथेलेटिक्स अजेय से जाना और सीखा । वहाँ मैं सबसे डफर था स्पोर्ट्स में पर साइन्स का स्टूडेंट था सो टीम का डॉक्टर बना दिया जाता था ।

पीछे LNIPE (Laxmi Bai National Institute of Physical Education) था (है) जहां हमारा स्टेट बैंक ऑफ इंडिया हुआ करता था(है) । सो गुजरते वक़्त भैया और दीदियों को स्पोर्ट्स खेलते देखा करता जैसे की टैनिस, स्विमिंग, बास्केटबाल, वॉलीबॉल, कब्बड़ी और न जाने कौन-कौन से गेम जो सिर्फ सुने थे या टीवी में देखे थे पर हकीकत में वहीं देखे ।

और एक अच्छी आदत जो शुरू तो की थी हमने परीक्षा में जल्दी उठने के लिए पर सदा के लिए मेरे जीवन से जुड़ गई वो है "रोज़ा", नुरुल भईया की देन (रमज़ान के महीने में इंसान की इबादत, जो रखे जाते कि आप जान सकें की एक आदमी सुबह-सुबह अपने घर से कितना खाकर निकलता है, बाज़ार में मेहनत और मसकत करने और दिन भर भूखा रह, जब शाम को घर लौटता है तो कुछ रुपए से लाए कुछ खाने के समान से अपने परिवार के साथ मिलजुल के बैठ मिल-बाँट कर खाता और चैन से सो जाता और कुदरत एवं ऊपरवाले का शुक्रिया करता)। आज तक ये आदत मेरे साथ है, जो मुझे हर वक़्त लोगों के दर्द का एहसास कराती रहती है और कम में कैसे रहते हैं, गुज़र बसर करते हैं और खुश रहते है यह बतलाती है ।

सो ये लड़का बयोलॉजी और मैथ्स ले 11वीं और 12वीं में पढ़ाई में दिल लगा और बोल-बोल कर याद करनेवाला, इंग्लिश में कमज़ोर विधार्थी स्पोर्ट्स के माहौल में रूम नंबर 6 में रहने लगा और हमारे सीनियर नुरुल भैया और प्रधान भईया के बाद तीसरा साइन्स विधार्थी उस हॉस्टल में था ("बिन" (यह नाम है), भी था पर उसने हॉस्टल छोड़ दिया था)। उस हॉस्टल ने न जाने क्या-क्या सिखलाया और उसको समर्पित एक कविता-कहानी भी लिखी है मैंने । वैसे तो अच्छा स्टूडेंट था और हर टीचर का प्यारा, खास-कर "टिक्कू मैडम" का, पर पहले तो नहीं क्योंकि मुझे हॉस्टल वालो ने बताया (जो "बिन" के साथ हुआ और उसका एक साल बर्बाद हुआ सिर्फ एक अंक से एक प्रकटिकल में फ़ेल होने के कारण) अगर तुम बतलाओ कि तुम हॉस्टल में रहते हो तो चाहे जितने भी अच्छे हो पढ़ाई में, कोई भी अच्छी नज़र से नहीं देखेंगे चाहे टीचर हो या तुम्हारे क्लास वाले और न ही दोस्ती करेंगे । सो मैंने भी तय किया की पहला "यूनिट टेस्ट" में दिखलादेंगे हम और फिर बताएँगे, सो पहले कुछ 2 महीने तक किसी को नहीं बताया (छुट्टी

के वक़्त क्लास के दोस्तो के साथ बाहर जाता स्कूल से और फिर उन सबके जाने के बाद वापस आता हॉस्टल की ओर) और जब यूनिट टेस्ट में अच्छे नंबर ले के आया और सिद्ध किया की हॉस्टल वाले भी पढ़ते है और अच्छे हो सकते है, तब मैंने धीरे-धीरे सबको बताया और दोस्त तो यह जान-सुन के भौचके से रह गए। फिर क्या दोस्त ही दोस्त और हॉस्टल की इमेज में परिवर्तन, 11 वी में बयोलॉजी + मैथ्स से टॉप और ओवर ऑल 11वीं में दूसरा स्थान प्राप्त किया। 12वीं में बोर्ड में सबकी आशाए मुझ से थी पर मैं उतना खरा नहीं उतर पाया अपने शिक्षकों की आशाओं पे जिसका अफसोस आज भी है मुझे और रहेगा।

फिर क्या स्कूल से निकल कर बाहर आया तो पीईटी-पीएमटी जैसे भारी-भारी शब्दों से (12वीं में पाला तो पड़ा था पर सही से नहीं), न ही आगे जो सदमे लगने वाले थे उनसे। मैं तो यही सोचता कि कहीं भी एड्मिशन लेना हो तो बस मार्क-शीट के नंबर अच्छे होने चाहिए और जैसे कि स्कूल में एड्मिशन होता है वैसे ही मेरा एड्मिशन कॉलेज में हो जाएगा, पर 12वीं में जब "अमित" (जो कि मेरा लंबा दोस्त है) से पता चला तो मैं भौचका सा रह गया की कोई फॉर्म भी भरना होता था अब धीरे-धीरे पता लगने लगा की दुनिया तो अभी और बड़ी है और जटिल है। सो उस वक़्त मोबाइल फोन तो होते न थे सो हम लोग एस.टी.डी. से फोन किया करते थे (एस.टी.डी. करने के लिए कभी बस स्टैंड तो कभी नाला पार कर सिटी सेंटर जाते पैदल ही, दोनों ही जगह 1-2 किलोमीटर थे हॉस्टल से), तो पापाजी को फोन लगाया तो पता चला की पी.एम.टी का फॉर्म निकल गया है (जो की हमारा ध्येय है) और हमको तो पता भी नहीं चला। सो "नीरज चाचाजी" (जो दिल्ली में रहते है और डॉक्टर है) उन्होने फिर विस्तार से बताया की फॉर्म के विज्ञापन इम्प्लॉइमेंट न्यूज़-पेपर में निकलते है उससे पढ़ा करो। और पापाजी जो उस वक़्त दिल्ली में थे पीएमटी का फॉर्म लाये जिसको फिर हमने भरा। उसमें एक कॉलम था श्रेणी (कैटेगरी) का, मैंने सोचा की हम सब लोग तो एक जैसे ही हैं और एक जैसे सामान्य दिखते हैं सो सामान्य भर दिया और पापाजी से भी पूछा तो उन्होने कहा सामान्य भर दो। यह क्या था मैं नहीं जनता था न जाने की कभी इच्छा हुई। पर ये यक्ष प्रश्न, हर बार-बार पूछा जाता कभी क्लास टीचर द्वारा बोर्ड का फॉर्म भरने के वक़्त, तो कभी एड्मिशन फॉर्म को भरने समय। तो

अब लगा जान ही लेते है की ये बला है क्या, पर दिल से कभी ये इच्छा न हुई तो छोड़ो, जो हम लोग एक जैसे दिखते है सब सामान्य है ।

12वीं में जो भी पीएमटी के फॉर्म भरे भले उसका सेंटर ग्वालियर हो फिर भी हम दिल्ली ही भरा करते थे और हर हफ्ते ग्वालियर रेल्वे स्टेशन जाते रिज़र्वेशन की लंबी लंबी कतारों में लगते 4-4 घंटे और टिकिट कटाते तो लगता की जंग जीत गए हो । सो केरला एक्सप्रेस और कर्नाटक एक्सप्रेस जाने के लिए और लौटने के लिए गोंडवाना एक्सप्रेस ट्रेन हमारी पक्की साथी बन गई । दिल्ली में चाचाजी के पास रहते और वो हमको सेंटर छोडने जाते और लेने आते । पर दुनिया और दिल्ली से वास्ता कराने के लिए, उन्होंने कड़े कदम लिए और कहा अब ऑटो से जाया करो और लौटते वक़्त बस से आया करो और कहा "बस इतना याद रखो की परीक्षा सेंटर का पता एड्मिट कार्ड में लिखा है और अपने घर का पता ये है सो कोई दक्कत नहीं । कहीं भी भूल जाओ तो बस बसवाले से कहना कुतब मीनार जाना है या कनौट पैलेस पहुँच जाना या रेलवे-स्टेशन पहुंच जाना और वह से बस 604 और 427 और 747 पकड़ आ जाना" । और ये करते-करते दिल्ली खूब घूमी बस में, खूब घूमे और उस वक़्त दिल्ली मेट्रो नई-नई चली थी सो उस के लिए कनौट पैलेस से केन्द्रीय सचिवालय आते थे जान बूझ कर । और जैसे तैसे इस या उस या किसी तरह वसंत कुंज पहुँच ही जाते थे ।

12वीं में और उसके बाद कहीं भी कोई भी परीक्षा में सफलता नहीं मिली और अंततः जो दुनिया जीतने निकले थे जिसने लड़-झगड़ कर ट्यूशन मास्टर को भागा दिया था बचपन में की हम नहीं पड़ेंगे उनसे और खुद ही पड़ेंगे और आगे बढेंगे (जिसके लिए पापाजी ने शर्त रखी थी की 6वीं में अच्छे नंबर लाओ और ट्यूशन नहीं, सो उस वक़्त भी वही ज़िद्द और मुकाम हासिल कर ट्यूशन से छुटकारा पाया था)।

मजबूरन कोचिंग जॉइन करनी पड़ी वो जो कोटा की कोचिंग क्लासेस की ब्रांच ग्वालियर में खुली (नई-नई) थी उसमें अपने दोस्त "अखिलेश" के साथ दाखिला लिया । और वहीं पास में एक गहोई हॉस्टल में रहता (जहाँ रूढ़िवाद के बड़े-बड़े लोगों को जानने का मौका मिला), वहाँ भी रहना पड़ा क्योंकि सस्ता था ग्वालियर में सबसे 400 रुपए प्रति महीना और कोचिंग से 2 किलोमीटर की दूरी

पर था । सो रोज़ सुबह-शाम पैदल जाते 2-2 रुपए बचाने के लिए । पर वहाँ भी निराशा ही हाथ लगी क्योंकि वह कोचिंग एक फर्जी वाड़ी जैसी चल रही थी और फिर खुद पढ़ना ही बेहतर समझा और एक सीख और मिली कि स्कूल के बहार 90% कोई भी गुरु बनाने लायक नहीं, सारे के सारे पैसा कमाने को बैठे हैं । 2005 में 12वीं की और 2006 में फिर कोचिंग के बाद सारे मेडिकल (पीएमटी) के फॉर्म भरे और माँ के कहने पे "एआईईईई" एक मात्र इंजीनीयरिंग का फॉर्म भर दिया (उसी दौरान इंटरनेट से सही मायने में साक्षात्कार हुआ) पर फिर हर परीक्षा में निराशा ही हाथ लगी और मैं बहुत ही डिप्रेशन में आ गया था सो वही शिंदे की छावनी के पास विजय नगर में एक ग्वालियर का पागल खाना था (दूसरा आगरा में था) वहाँ जाया करता था (जो शायाद मुझ तक सीमित थी बात आज-तक आपको बाता रहा हूँ) और खुद से कहता था कि तुम तो इन सबसे अच्छे हो, भगवान ने तो हर नेमत से नवज़ा है तो फिर काहे का गम करना । खुश रहो मस्त रहो ।

उस समय हमारे पापाजी ने हमें संयम और धैर्य बंधा रखा की कोई बात नहीं अपनी फ़ैक्टरी है न (हमारी पन्ना में आइस फ़ैक्टरी है जहां हमारे पापाजी जान बुझकर गरमियों की छूटियों में सुबह-सुबह ले जाते एक-एक कर हम भाइयों को और (हम आलस मारते थे) कहते थे कि साइकल से आना पर आना ही है, शायद वो सही करते थे क्योंकि उससे हमने एक सीख ली कि पैसे कमाना कितना कठिन है और एक-एक रुपए कैसे जोड़-जोड़ हमारे पापाजी हमको पढ़ाते और हमारी हर छोटी और बड़ी इच्छों को पूर्ण करते, मेहनत से रुपए कमाते और संभाल संभाल कर खर्च करते थे (ज्यादा वक़्त तो सुबह जाते और साथ खाना ले जाते और रात को 10-10 बजे घर लौटते), उस समय तो समझ में न आता पर आज समझ में आता है उन लम्हों की और उस अनुभव की सार्थकता का मोल)।

फिर अखबार में इस्तिहार पढ़ा की इंदौर में देवी अहिल्या बाई विश्वविद्यालय में लॉ (विधि) की 5 वर्ष बीएएलएलबी की प्रवेश परीक्षा है, सो वो भरा गया और चल दिये इंदौर अपनी मौसी के यहाँ पर, और एक लड़का जो मैथ्स और साइन्स का स्टूडेंट था (है) आर्ट्स पड़ने चला था (इस परीक्षा की भी अलग कहानी है)। उसी दौरान मेरे भाई ने बताया कि राजीव गांधी प्रौद्योगिकी

विश्वविद्‌यालय, भोपाल जो की मध्य प्रदेश का तकनीकी विश्वविद्‌यालय है, में "एआईईईई" के सकोर कार्ड के नंबर के बेसिस पर 15% मध्य प्रदेश की इंजीनीयरिंग कॉलेज की सीटों पर दाख़िला हो रहा है । जिसकी काउंसिलिंग भोपाल में 16 जुलाई को हुई, वहाँ रुचि दीदी (हमारे बड़े पापाजी की बेटी) के साथ गए तो वहाँ यूआईटी आरजीपीवी जो कि गवर्नमेंट कॉलेज है उसमें सिर्फ "सिविल इंजीनियरिंग" की सीट बाकी थी क्योंकि उस वक़्त 2006 में सिविल कोई नहीं लेता था क्यूंकि उसकी कोई नौकरियाँ नहीं मिलती थी और कम्प्यूटर इंजीनियरिंग लेने का क्रेज़ था क्योंकि उसमें ढेरों प्राइवेट नौकरियाँ थी । सो मैंने रुचि दीदी की सलाह पे सिविल ले ली और सुनो की "यूआईटी आरजीपीवी" में कौंसलिंग और वही हमने दाखिला लिया और वही पूछ रहे कि ये कॉलेज है कहा, उस पर कौंसलिंग वाले तो हँस पड़े और कहे यही है । और मुझे बताया गया की प्रथम वर्ष में अच्छे नंबर आने पर ब्रांच दूसरी मिल सकती है सो फिर क्या था वहाँ भी हॉस्टल में रहे और दम से पढ़ाई की और सिविल ब्रांच में टॉप किया, शुरू में तो यकीन ही नहीं हुआ लोगों को की हॉस्टल वाले ने टॉप किया । उस वक़्त बाहर वालों में मेरा एक ही दोस्त था (है) (फ़र्स्ट सेमेस्टर में) अजय और सारे हॉस्टल वाले । अब वक़्त आया ब्रांच बदलने का सो माते (माँ)-पापाजी और सारे घर वाले कहने लगे-बदल लो ब्रांच बार-बार हज़ार बार, मैं तो फोनों से तंग आ गया था (अब मोबाइल फोन का वक़्त शुरू हो गया था), पर अपन थे कि अब ब्रांच ले ली है सो इसी में कुछ कर गुजर जाएंगें और अड़ गए सिविल में । एक बार हमारे फ़िज़िक्स के लेक्चरर "राजेश सर" ने पूछा कि तुम्हारा लक्ष्य क्या है, मैंने उनसे कहा कि सर वो जो टॉप्पर का बोर्ड है उसपे किसी भी सिविल वाले का नाम नहीं है जो बस उस पर नाम दर्ज करना है और उसके लिए मुझे कुछ भी करना पड़ेगा या जितनी भी पढ़ाई करनी होगी करूंगा । और वो वदा पूरा किया मैंने अपने आप से । हॉस्टल में सारे दोस्त थे (है) और उनसे पहले साल तो कम बात होती थी और सारे दुश्मन जैसे थे मेरे क्योंकि मैं अकेले रूम में रहता था और कॉलेज भी रोज़ जाता था (उस पर एक बार एक दूसरी ब्रांच वाले लड़के से कुछ अहिंसा मेरी तरफ से और कुछ हिंसा यानि थप्पड़ उसकी तरफ से (यह कहानी भी है विमल और प्रवीण दुबे इसके गवाह हैं) पर ये जरूरी था । जैसे-जैसे आगे बढे सो सबसे अच्छी दोस्ती हुई - मिश्र, नंदू, राहुल (जो कि मेरे केन्द्रीय विद्‌यालय का साथी दोस्त है) शुभांकर, विमल, केतन (धूम-केतू), अरविंद, ऋषभ, सोनल, राकेश, घनशु, खालिद, हरीश,

प्रियदर्शी, अन्वेषक, विवेक, राजेश, रामनाथ परते, हेमंत, सौरभ भईया, परवेज़ भईया, फिरोज भईया, Subendra भईया, ज्योति भईया, सौमित्रो भईया, (और बहुत से नाम हैं लिखने बैठे तो 4-5 पेज भर जायेंगे) और एक शख्श जो हमारी ज़िंदगी बदलने वाला था और बदल दी, दुबला पतला इलैक्ट्रिकल का जिसने पहले दिन ही 22-30 सकोर कर लिया था अपने नाम दर्ज़, उसका नाम है "आदर्श" । इस लड़के ने कहीं का नहीं छोड़ा मुझे भारत भवन, रवीद्र भवन, रंगमंच, शायरी और मुकेश के गीतों से दोस्ती हुई हम लोगों की (भैंस की टाँग लैपटाप फ़र्स्ट इयर मैं मेरे पास ही था और सबके रिज़ल्ट हम ही लोग देखा करते थे आरजीपीवी की बिल्डिंग के पास जा रात-रात भर बैठ वाईफाई से)। और इस लड़के ने जो लत लगवाई इनकी कि आज तक लागी छूटी नहीं ।
भोपाल शहर है ही ऐसा की हर बंदे की तक़दीर और तस्वीर बदल रख के ही छोड़ता है...

"अभि लांगे" जम्मू और कश्मीर से था और मेरा जूनियर था, उसने एक बात सिखाई थी कि "सर इतना पढ़ कर क्या करोगे मस्त रहो और मज़े करो ज़िंदगी के इसका क्या भरोसा" और सच में इसका क्या भरोसा, वो हमें छोड़ चल दिया दूसरी दुनिया में और एक सीख जो दे गया कि ज़िंदगी का हर पल हर लम्हा जियो खुल के जी भर के ना जाने कब वक्त रूठ जाये । इस सीख को आज तक अपनाए हुये हम ज़िंदगी जीते जा रहे है बेफिक्री से, पर कुछ लोगों को तो यह पागलपन और आवारापन नज़र आता है ।

"सिम्प्लेक्स" सिविल की एक कंपनी में चयन हुआ और इसके बाद इन कम्प्युटर ब्रांच वालो को बताना था की सिविल वाले उनसे काम नहीं सो इंफ़ोसिस में बैठ सिलैक्ट हो गए । आखिरी में "एमपीआरआरडीए", जो की मध्य प्रदेश सरकार की संस्थान है में चयन हुआ (जिसकी सूचना मुझे चलती बस में मिली थी) और साथ ही साथ गेट में भी चयन हुआ, सो नौकरी करना बेहतर समझा । पोस्टिंग हुई ब्यावरा में (पहली बार नाम सुना की "एमपी" में ऐसी भी कोई जगह है)।(ऐसा कुछ ट्रेनिंग के वक्त भी हुआ था जब "एमपीआरडीसी" ने खरगोन भेजा था ट्रेनिंग के लिए और हम चल पड़े थे अकेले ही वहाँ भी और शायद जितना वहाँ सीखा उतना कहीं भी नहीं सीखा)।

वहाँ जॉइन किया और रोज़ भोपाल-ब्यावरा-भोपाल उप और डाउन करते और जो वक़्त मिलता 4 घंटे का बस में उस दौरान गेट की तैयारी करते और बुक लिए बस में हिलते-ढुलते, खड़े-खड़े, पढ़-पढ़ कर तैयारी किया करते क्योंकि हमारी माँ को यह नौकरी कुछ कम अच्छी लगी और उन्होंनें कहा कि आगे बढ़ो और अच्छी नौकरी करनी है, सो गेट की तैयारी में जुट गए । उस दौरान सारे "पीएसयू" के फॉर्म भरे और दिये । कई के इंटरव्यू भी दिये, कई में असफल होने के बाद आखिरकार हमारा चयन गेल में हो गया । मानो जमीं खिसक गई हो जब उन्होंनें इंटरव्यू में कहा कि "पन्ना से एक टाइगर और कम हुआ और हमारे पास आ रहा है", जिस पर मैंने कहा था "वैसे ही वहाँ पर 4 ही है एक और कम हो जायेगा"। उस खुशी के चलते हम जीटीआई नोएडा से अपने दोस्त अरविंद के घर 5 किलोमीटर पैदल ही चलते रहे और उसके घर अपने आप ही पहुँच गए (पहली पद यात्रा नोएडा शहर में)।

बहुत कोशिश की कि मोहब्बत-ए-ख़्वाब न हो पर "पारो" हो ही गई । फिर क्या जख्म-ए-दिल का नासूर बन कलम-ए-लहू की स्याही बन बह चला और पन्नो में लिख, सिलवटों की तरह रह गया । और इक इंसान जो शायद कुछ था कुछ और हो चला कुछ और ही बन गया ।

आज अपने दर्द-ए-जज़्बातों को कुछ छोटी सी-फीकी सी शायरीओं, कविताओं (इबादतों) में समेट लिख गम मिटाता हूँ और लोग न जाने क्या-क्या, क्यूं.......

इस किताब में
जो भी अल्फाज है मेरे
जो भी लफ़्ज है मेरे
हर गम
हर खुशी
हुस्न को समर्पित है और सदा रहेगी,
चाहे वो माने या ना माने
चाहे वो रूठे या न रूठे

या
वो कभी बात भी न करे
वो कभी इक़रार भी न करे
मिले
न मिले
पर
हर वक़्त
हर लम्हा
हर साँस
सिर्फ उसका
सिर्फ उसका ही
इंतज़ार करूंगा
सिर्फ उसकी ही
इबादत करूंगा,

और न जाने क्या-क्या बयां करूंगा
और न जाने क्या-क्या दगा कर दूंगा
न मैं जानता
न वो जानता
ये वक़्त ही
करवा देगा,
ये वक़्त ही
बतला देगा,

ये किताब कुछ कविताओं कुछ शायरियों की "मेरे हुस्न मेरी इबादत" हुस्न के प्रति मेरा समर्पण और मेरी पूजा है, जो सिर्फ और सिर्फ उसको समर्पित है ।

॥ कुछ धन्यवाद भरे शब्द ॥

मेरे प्रेरणा स्त्रोत श्री अमजद अली साहब, जिनका मैंने एक बार इंटरव्यू राज्य सभा चैनल पे "शख्शियत" प्रोग्राम में देखा जिसमें उन्होने कहा था कि ऊपर वाला रहम करता है हर किसी पे मौसिकी, यह इन्सानो पे निर्भर है वे उसे अपनाए या न अपनाए,व्यक्त करे या न करे । उसी दिन से जो भी मेरे मन में आता मैं उसे डायरी में लिखता जाता । यह किताब उसी का नतीजा है । मैं उनका और राज्य सभा चैनल का सहृदय आभार व्यक्त करता हूँ।

मैं धन्यवाद देता हूँ गिरीश भाई को जिन्होने मुझे अपना माऊस प्रदान किया, अनूप का जिसने हमें अपनी पेन-ड्राइव दी, आमिर भाई का जिसने मुझे एक्रोबैट सॉफ्टवेर प्रदान किया और "मुकेश" का, मुझे लगता है वो आज तक अपनी पेन-ड्राइव ढूंढ रहा होगा पर जनाब वो मेरे पास है (जिससे हमने विंडोज सॉफ्टवेर इंस्टाल किया), गेल का जिसने मुझे हिन्दी टायपिंग सॉफ्टवेर से परिचय करवाया और जिसने इस आगाज़ (काम) के अंजाम को और आसान बना दिया जिसकी सहायता से मैं इस किताब को कम्प्यूटर पे लिख पाया ।

आदर्श को जिसने मेरी ज़िंदगी बदल रख दी शायर बना छोड़ा, जिसने इस किताब में क्या आना चाहिए क्या नहीं उसका चुनाव किया और एडिट प्रूफिंग कर मेरे सपने को हक़ीक़त करने में हर वक़्त साथ दिया, विकल्प का जिसने मुझे फेसबुक पर "शनिवार का शायर, कभी कभार का कवि, एक अजीब आर्टिस्ट" पेज बनाने का सुझाव दिया, मुझे अभिव्यक्त करने का माध्यम बतलाया और इस पेज के हर चाहनेवालों का । शुक्रिया मलय जी का जिन्होने मुझे अपने आप को अभिव्यक्त करने का समय प्रदान किया । हुस्न को जिसके बगैर तो एक अल्फ़ाज भी न लिख-बयां कर पाता । एल.आर.वर्मा सर ने एडिट प्रूफिंग और Mirror लिख हमें आशीर्वाद प्रदान किया । पवन भाई का जिन्होने दुआ को एक कविता के रूप में लिख मुझे और मेरी किताब को धन्य किया । अभयानन्द का जिसने "About Author" लिख और Ligia Brenes Corrales (Costa-Rica) एवं नंदकिशोर भाई का जिन्होने Covers Designing मेरे ख्वाबों की तरह कर हमें कृतज्ञ किया ।

अंजना "भगिनी" ने "एहसास" और "कल" कविता लिख इस किताब को चार-चाँद लगा दिए । पलक, प्रतिभा (दोनों ने इस किताब के हर आयाम में अपनी कलात्मक मार्गदर्शन की छाया बनाए रखी), तृप्ति, आहना, Dia Mercado(USA),

Ann Minoza(USA), शुभम, दिशा, अमित सर, ऋषभ, सोनल, दिलीप, अभ्युदय, राहुल, अरविंद, राकेश, प्रवीण सर, अजेय, राकेश, ज़ेया, आलोक सर, सौरभ भईया, विक्रम, सावन, सुशील, अंशुल, एहतेशाम, फिरोज भाई, पंकज, नीरज, मनोज, आशुतोष, मुकेश भाई इन सबके किताब की रूप रेखा में सहयोग एवं मार्गदर्शन के लिए सह्रदय धन्यवाद करता हूँ ।

मैं अपने गुरुओ, दोस्तो का धन्यवाद करता हूँ, जिनसे मैंने कुछ न कुछ सीखा, वैसे हर शख़्स से सीखा मैंने, जो मिला रास्ते में उन सब से, बहुतों को तो सिर्फ चेहरों से जानता हूँ और बहुत को सिर्फ जानता हूँ ।

I am thankful to the whole family and creative team of the Adobe, Blackberry, Canon, Dell, Google, Hp, Kyocera, Lenovo, Lexmark, Logitech, Microsoft, Transcend, Samsung, Seagate for their creations, which help me a lot to make this reality.

I am also thankful to the whole family and team of the Partridge India Publishers, who help me to achieve my dream and making it reality.

सो हुआ यूं एक इनसा ने जन्म लिया, 7 वी में मोक्ष प्राप्ति चाहता था न मिला, पीएमटी दे डॉक्टर बनने जा रहा था न बना, बन गया इंजीनियर और इंजीनियर बन संतोष न हुआ, मोहब्बत कर बैठा और बन गया फ़कीर पर जहां शायर कह कह-कशा करती ...

"इस किताब में विविध भाषा का प्रयोग किया है जिसमें मुख्त: हिन्दी, उर्दू, हिंदुस्तानी, अँग्रेजी, बुन्देली, बघेली, Spanish, आदि (भारत की संस्कृति) शामिल है । पाठको से अनुरोध है वे शब्दों के साथ-साथ अपनी भवनाओ में बह कर रचनाओ को पढे क्यूंकि भावनाओ से ही रचना का जन्म होता है ।"

अंतत: बस कहूँगा एक ही शब्द

शुक्रिया !

अमन कोणार्क

"मानव ज्ञान दुनिया के लिए"

26.7.13

भोपाल

बयां करता जहां

कुछ आँखों से

कुछ अक्सों से,

कुछ लफ़्ज़ों से

कुछ लिबासों से,

मैं तो बयां करता

कदम से..

कलम से ...

"कोरा कगाज़"

"अभिव्यक्ति-ए-हुस्न" "अदायगी-ए-हुस्न" कर

"इबादतों" को रूह बख़्शे....

"प्रतिक्रिया"

"आपकी अभिव्यक्ति" "दुआ-ए-कलम" के नाम कर

चाहनेवाले हमें आशीर्वाद प्रदान करें ...

पाठकों से गुज़ारिश है कि वे किताब में शीर्षक-रहित "इबादतों" के शीर्षक अपने विवेक से स्वयं ही रख कर हमें कृतज्ञ करें..

"इबादती"

मेरे हुस्न मेरी इबादत

|| 1 ||

प्रकृति

तुम्हे मैं क्या दू इक दर्द के सिवा ,
इस दुनिया में मोहब्बत कितनी है,
कुछ पैदा हुए मोहब्बत की गोद में ,
कुछ को नफ़रत भी नसीब न हुई,

रंग बिरंगी दुनिया में लोग रंग बदलते गिरगिट की तरह ,
इस चाल देख गिरगिट भी शरमाता रहा ,
कहता मैंने रंग बदला प्रकृति की खुबसूरती के लिए,
लोगों ने रंग बदले अपनी स्वार्थी प्रकृति के लिये ,

इस पर जल ने कहा
कि मैं आया नम्र निश्छल जीवन के लिये,
लोगों ने मेरे नम्र व्यवाहार को
मेरी कमजोरी समझ मुझे छल शोषित किया,
ये आज देख लो दुनिया वालो
तुम ही मुझे बचाते हो,

इस पर इठलाता बादल कहता
ये दुनिया वाले ना तेरे है ना मेरे है ,
ना उसके है ना इसके है,
इनके रंग बदलते हर वक़्त-बेवक़्त
इन्ही की मौज़ के लिये ,
कहीं प्रकृति की सेवा करते
कहीं इसे जहर देते,

ये सोच निश्छल जल कहता
बस आज से खेलता मैं भी इस से अठ्खेलिया,

यह बात सुन प्रकृति बोल पडी
ऐ गिरगिट, ऐ जल, ऐ बादल
मत हो तुम भी इंसा की तरह,
तुम हो मेरी संतान
मेरे संस्कार की पहचान ,
इस पर बेटे-बेटियों ने कहा
मॉ तुम लेती हर दम उनका पक्ष
ये दुनिया वाले है दक्ष,
मॉ बोली ये दुनिया वाले है नादान ,
इनकी
चार दिन की ज़िंदगी
चार इंच की ज़ुबान,
हम तो निर्भय निस्वार्थ निश्छल,
करते चिर्जीवी वंदना धरा की निरंतर,
सुनते ये बच्चे मुस्कुराए,
चले अपने काम को कहते बॉए-बॉए ,

|| 2 ||
कठपुतली

कठपुतली बना
बाज़ार में नाच रहा हूं
या
नचाया जा रहा हूं
नहीं जानता,
इक डोर से बंधा हुआ
उस पर थिरकता जा रहा हूं,

इंतज़ार करता हूं
कि
कभी तो ये डोर कमज़ोर होगी
तमन्ना मेरी आज़ादी की
कभी तो पूरी होगी,

आज वो डोर कमज़ोर तो है
पर ना जाने क्यूं
रिहा होते असमंजस में हूं
सोचता हूं
कैसे
उस डोर को तोड़ निकल जाऊ
जिसने मुझे
चलना सिखाया
बैठना सिखाया
मुस्कुराने की वजह बतलाई
रोने पर सर को सहलाया,
आंधियों में भी
मेरी डोर को थामें रखा,

मेरे हुस्न मेरी इबादत

41

जहाँ जाता
मुझे कंधे पर बैठा ले जाता
वादियों का दीदार कराता,
बाज़ार की
तारीफ़ो के लायक़ बनाया
बाज़ार की हुंकार
सहने का हौसला दिया
उससे लड़ने की हिम्मत दी,

फिर कैसे आज
अपने मन के सपने पूरे करने
उस कमज़ोर होती डोर से
आज़ादी के ख़्याल बुनू
न बुनू
तो अपने मन के आज़ाद होने
की ख़्वाहिश पूरी करूँ तो कैसे,
घुटते मन/रूह को
कैसे समझाऊ
कैसे
अपने से जीने की ज़िद मिटा दूँ,

कोई तो बतलाए
कोई तो समझाए
कौन थामेगा
कच्ची होती डोर से
लिपटी
इस कठपुतली को,
कौन दिलाए (दे) सहारा
कच्ची होती डोर से
लिपटी

इस कठपुतली को ...

कठपुतली" / "Puppet" (अमन कोणार्क मोदी)

॥ कोरा कगाज़ ॥

|| 3 ||

प्रेम की अभिव्यक्ति

ना जाने उसने कौन सी कसम उठा रखी है
रुठी हुई
खफा सी शक्ल ओ सूरत बना रखी है,
वो शायद वाकिफ नही अपने हुस्न से
सूरत-ए-खफा में भी उसने कयामत ढा रखी है,
उस हुस्न को
किस जुबा
किन लफ्जो में
बयां करु हाल-ए-दिल अपना,
उसकी खफा ने
उसकी बेरुखी ने
मेरे दिल की अर्थी उठा रखी है,
ना जाने उसने कौन सी कसम खा रखी है
रुठी हुई
खफा सी शक्ल ओ सूरत बना रखी है.

॥ अभिव्यक्ति-ए-हुस्न ॥

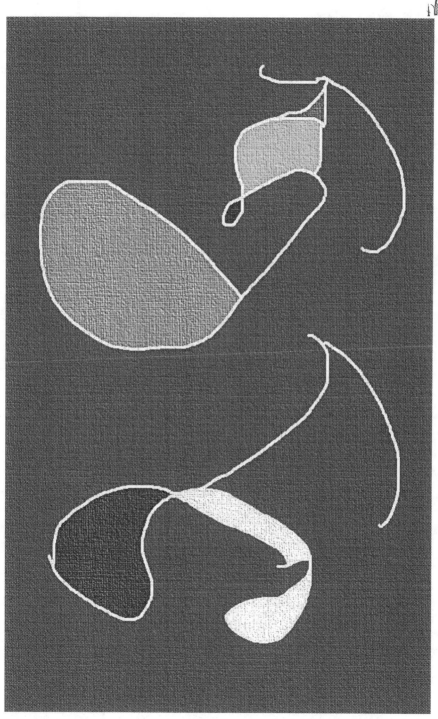

"अभिव्यक्ति" / "Expression" (अमन कोणार्क मोदी)

मेरे हुस्न मेरी इबादत

॥ आपकी अभिव्यक्ति ॥

मेरे हुस्न मेरी इबादत

|| 4 ||

ट्रिब्यूट टु जगजीत सिंह

तुम उजाला थे मेरी जिंदगी के
तेरी रुह के जाने के बाद
मेरी रुह तडपती रही है
तेरे नगमों के लिये
तेरी प्यार भरे दुलार के लिये,
जो मुझे रात में सुकूं देते
जो मेरा हर अंधेरी सडक पर हाथ थामें रखता
जो मुझे उंगली पकड अंधियों में भी ले चलता
जो मुझे मायूस से पलों में भी ज़िंदगी की आस देते
जो मुझे मुझ में रहने का सहारा देते
जो मेरी रुह को हर वक़्त इस जिस्म में बांधे रखते,
आज तेरी याद बड़ी आती है मुझे
आज फिर तेरे नगमों में चैन ढूँढता हूं मैं,
मुझे सुकूं दे
मेरी रुह को हौसला दे
बस यही फरियाद करता हूं तुझसे
बस यही दुआ करता हूं तुझसे

रुह जो आपकी अमानत है

|| 5 ||

हम गम भूलाने
मौसिकी करते रहे,
ये दुनिया
उसे फन समझ
शाबाशी देती रही,

॥ 6 ॥

अमन मैं हूं
ये मुझे है पता,
चमन तू है
ये रास्ते के अंधेरे को पता,
इंसान कौन है
ये कलाकार-ओ-फकीर को पता,
कलम क्या है
ये लेखक को पता,
पर मोहब्बत क्या है
ये किसको पता,

ये सवाल किया मैंने
तुमसे जवाब की उम्मीद में,
ये पैगाम गुल-ए-फिरोश किया मैंने
रूह की धूनि में,

|| 7 ||

तेरी आंखो के काजल पे में फिदा
तेरी हंसी से मेरा दिल उजला,
जब तू मायूस होती,
ना जाने क्यूं
ये मन मेरा उदास रहता,
जब भी तेरा चेहरा
आ जाये मेरे सामने
दिल दीदार करता है,
तेरी हर बात,
तेरी हर आहट,
सुनने के लिये
ये दिल
हर दम बेकरार रहता है,

|| 8 ||

अब तो संग संगत मिली है तेरी
उसकी और उस दिल-ए-सनम की याद की,
अब तो सफर शुरू होगा एक नया
दास्तां भी नई लिख देंगे हम एक और
या
जो हाथ साथ रहा
ऐ मेरे दोस्त तेरा मेरे साथ,
कसम है उस सनम की
जिस तरह तड़पे हम उसकी चाह में रात-दिन
जीते-जीके
उसे भी तड़पाएंगे
उतना-उतना
अपनी रुखसती के बाद

॥ 9 ॥

दामन

एक बार फिर निगाह मिला के देखेंगे
अपने दामन पे
अपने दामन पे
आँसुओ से तेरी तसवीर बनाके देखेंगे,

एक बार फिर दिल लगा कर देखेंगे
दिल दर्द न बन सका
तो महजबी
दर्द को दिल बनाके देखेंगे,

|| 10 ||

चुप्पी

हम चुप है
हुस्न की गुज़ारिश में
हाल-ए-दिल क्या बताए,
कहते है तो
हुस्न खफ़ा हो जाता है
न कहे
तो दिल बेवफा हो जाता है
इस ख़्वाहिश को
आँसुओ से कलाम की शक्ल देते है
समंदर को शायरी के नगमों-ए-गम से भरते है...

|| 11 ||

हम मिलते है
जुदा होते है फिर मिल जाते है...
ज़िंदगी की राह मे न जाने
कितने चेहरे खिल-खिलाते और मुसकुराते है
न जाने ये कैसी ज़िंदगी है
न जाने ये कैसा सफर है
आधी रात में तो सितारे जगमगाते है
पर न जाने दिन में ये कहां खो जाते है...
कुछ सच है
कुछ कल्पना
कुदरत के आँचल में हम सबका आशियां....

|| 12 ||

सैलाब

ये कौन सा सैलाब
ये कौन सी हवा
कि हर शख़्स इस मोहब्बत में घायल हुआ
कि हर शख़्स इस मोहब्बत में शायर हुआ
मेरा दोस्त
मेरा हमदर्द
मेरा वाजूद
यहाँ तक की
मेरा खुदा तू भी ऐसा हुआ,
पर
ऐ शमा-ए हुस्न
तू ही एक बेगाना हुआ
तू ही बस
बस तू ही

॥ 13 ॥

हक़ीक़त

ये ऐसी दास्ताँ-ए-ज़िंदगी लिखी जायेगी,
ये सुना था किताबों में,
ये देखा था ख्वाबों में,
पर सोचा न था
कि हकीकत-ए-ज़िंदगी भी
ऐसी ही हो जाएगी....

|| 14 ||

दीदार

वो बेखबर आए अपना हुस्न
कुछ इस अंदाज़ में
छुपा–छुपाकर
बचा-बचाकर
सोचा
दीवाना दीदार को बेकरार होगा,
उन्हे क्या खबर
दीवाना
उनकी हथेलियों की मेहंदी के रंग में (से)
उनके हुस्न-ए-इश्क़ के रंग का दीदार करेगा

|| 15 ||

रोशनी और अंधेरे में
फर्क है बस एक जरा सा,
एक माचिस की वो तीली
रात काली में
देगी
तुमको वो बता

|| 16 ||

शबनम –ए-रात
रोशन-ए-सहर पर
बाग-ए-गुलिस्ता में
ओस-ए-मोती तामील (तक़सीम) होता,
कुछ
कुछ
ऐसा ही जलवा है
मेरे हुस्न-ए-शख़्स का
रात-ए-चाँदनी सा
सहर-ए-रोशनी सा
गुल-ए-चिराग सा
सूरत-ए-आइना सा तामील (तक़सीम) होता....

|| 17 ||

खुदा से शिकायत

न जाने खुदा
क्यूं
मुझसे रूठा
मुझसे खफ़ा,
न जान लेता
न जान लेने देता,
न ज़िंदगी जीने देता
न ज़िंदगी से रुसवा होने देता,
न ही मोहब्बत बख्शता
न ही तोहफे में नफ़रत,
न सुकूं
न ही तड़प,
न ही रात के पूरे सपने
न ही दिन के उजले होश,
न ही इक़रार–ए-जुनू
न ही इंकार-ए-सब्र,
खुदा
तू
बेरहम है
या
मेहरबा है,
ये भी
न बयां करता
न चुप रहता,
न दुख
न सुख,

न ही मौसिकी
न ही मातम देता,
न जाने ख़ुदा
क्यूं तू मुझसे इतना रूठा
क्यूं तू मुझे मोक्ष भी न देता

|| 18 ||

मुझे ये होश भी कहां,
की किस मझधार में हूं,
हर रात तेरे ख़्याल में डूबा
हर बात पर जिक्र तेरा,

|| 19 ||

मोहब्बत की गली में
एक मुसाफिर और मिला
फ़कीराना अंदाज़ में,
अब तो रास्ते
कट ही जाएंगे
इस गुलशन में,
उस जानशीं
के इंतज़ार में,

।। 20 ।।

मैं इंसान हूँ
मेरी ज़िद अजीब
मेरी चाहत अजीब,
कुछ भी पूरी हो जाये
मेरी ज़िंदगी में
मेरी दास्तां-ए-हक़ीक़त अजीब

|| 21 ||

लोग पूछते है
के
ये शायरी का शौक किस लिए
ये बदले अंदाज़ किस लिए
हर शायरी की बात किसके लिए,
हर शायरी में जिक्र किसका
हर चर्चे में तारीफ किसके लिए,

|| 22 ||

इतनी गुज़ारिश हम करे
अब मान भी जाओ ज़रा,
कान न खीचों यूं मेरे
दर्द होता है बड़ा,

|| 23 ||

ऐ हुस्न
तो अपने हुस्न को सँवार के करेगी क्या,
जब तेरे दीदार करने वाले हज़ार थे
तब तूने उन्हे अपने नक्श से इतरा कर उफ़ कर ली,
पर एक दिन ऐसा भी आयेगा
जब तेरे हुस्न की शोखियां हज़ार होंगी
पर तारीफ़ करने वाले जहां में कहां हज़ार होंगे,

|| 24 ||

चौराहा

चौराहे बैठ
तमाशा देख रहा हूँ
चौराहे बैठ
तमाशा देख रहा हूँ,
इंसान को इंसान की दुनिया
तबाह करता देख रहा हूँ
खून हो रहा मासूमियत का देख रहा हूँ
घरों के चिराग बुझते देख रहा हूँ,

इस रंज में
ऐ ईश्वर
ऐ खुदा
तेरे चाहने वालो में
तुझसे आस रखने वालो में
तुझसे इश्क़ करने वालों में
तेरी इबादत करने वालो में
तेरी नाम की माला जपने वालो में
तुझ पर फना होने वालों में
तुझ पर अश्क बहाने वालो में

आंखो में बरसते अंगार देख रहा हूँ
नफरत का सैलाब देख रहा हूँ
मौत की हुंकार सुन रहा हूँ
खून-ए-प्यास की तड़प देख रहा हूँ
दरिंदगी की चाह देख रहा हूँ
क़तल-ए-मासूमियत की चाह महसूस कर रहा हूँ

मैं
चौराहे बैठ
तमाशा देख रहा हूँ,
ऐ ऊपर वाले
नीचे बैठ
मेरी तेरी दुनिया
तबाह होते देख रहा हूँ
मिटता देख रहा हूँ

बचा ले
बचा ले
बस
यही दुआ ले
चौराहे बैठ
तेरा इंतज़ार कर रहा हूँ
तेरा इंतज़ार कर रहा हूँ

|| 25 ||

दो गज़

(Tribute to My Friend Abhi Laange)

दफ़न-तन है ज़िंदगी
दो गज़ कफ़न में रुखसत होती है ज़िंदगी
दो गज़ आँचल में करवटें लेती है ज़िंदगी
दो गज़ पल्लू में उम्मीद में रहती है ज़िंदगी
दो गज़ सूत के धागे में रात बिताती है ज़िंदगी
दो गज़ तन में तूफान सा सफर करती है ज़िंदगी
दो गज़ जुदाई की तनहाई में रहती है ज़िंदगी
दो गज़ करीबी में अँगड़ाई लेती है ज़िंदगी
दो गज़ जुल्फों में सतरंगी सपने बुनती है ज़िंदगी
दो गज़ माँ के आँचल में पनपती है ज़िंदगी
दो लटों पर मर-मिट-ती है ज़िंदगी
दो नयनों में बसी ये ज़िंदगी

दफ़न-तन है ज़िंदगी
दो गज़ कफ़न में रुखसत होती है ज़िंदगी

72 मेरे हुस्न मेरी इबादत

॥ 25 अ ॥

शायर

आदमी-ए-शायर तब्दील होता है तब
मोहब्बत-ए-दिल करता हुस्न को जब,
पर
समाज-ए-फ़कीर की रंज से
काबुल-ए-एक़रार
न कर पाता,
मोहब्बत-ए-दास्तां का इज़हार
न कर बयां
लफ्जो-ए-जुबा से,

हसरते
न जुबा से बयां
कलाम-ए-इश्क़
लिख इज़हार करता तब,

शायरी-ए-शायर बन
हुस्न से इक़रार करता तब,

क्या करूँ
एक इंसान ही तो हूं
एक इंसान ही तो हूं ....

|| 26 ||

अध्यात्म के पुजारी

मोहब्बत कर तू देख
ऐ अध्यात्म के पुजारी,
तुझे दिन में
तारे दिखेंगे
ईश्वर रूपी कपट दिखेंगे,

मैं ये नहीं कहता
मोह माया में रम,
मैं ये भी नहीं कहता
दुनिया के ढ़ंग में रंग,

बस ये जिज्ञासा है
मन में,
अगर तू कहता
ईश्वर कण-कण में है,
कण की इबादत
उसकी इबादत है

तो
तो फिर क्यूं न
प्रेम के रस-रंग में
हुस्न रूपी ईश्वर में
मोहब्बत की इबादत में
उसे तू न पाता
उसे क्यूं तू झूठलाता,
तो क्यूं
एक तरफ,

उसे रासलीला कह इठलाता
और
दूजी तरफ़
काम के बंदी कह झुठलाता.

|| 27 ||

दोस्ती की याद

दोस्ती तो
तुझे तब याद आई
जब
तेरे पास
मोहब्बत की
चादर भी न थी......

॥ 28 ॥

फ़िदा

ऐ
हुस्न
मैं क्या बतलाऊ तुझे
कि
मैं किस अदा (क़द्र) पर फ़िदा,
न
तेरी शोख़ अदा (अदाओं) पर फ़िदा,
न
तेरे अंगड़ाते बदन पर फ़िदा,
मैं तो बस
तेरी
सादगी-ए-निसर्ग पर निसार, (कुदरती सादगी पर निसार)
तेरे
हृदय-ए-मर्म पर निसार,

|| 29 ||

वक़्त निकलता रहा
तकदीर लिखती रही,
इतिहास के पन्नों को
जब-जब पलटा,
बस लौ
जलती रही,

।। 30 ।।

रातभर सोच ज़िंदगी के बारे में
सुबह-तलक समझ में आ जाएगा ये,
हर इंसान को
ज़िंदगी समझनी पड़ी अपनी
अपने आप,

हर पंक्ति
समझ सका वो इंसान,
जो सोचा
अपनी ज़िंदगी
खुद-ब-खुद
जो
सफर-ए-ज़िन्दगी
से रु-ब-रु हुआ
हर पल....

|| 31 ||

सफर

सफर मैं करूंगा
अब अपनी ज़िंदगी का फिर
जो थम गयी थी
इस वीराने में,
जा रहा हूं फिर उस महफ़िल में
जिसने मुझे जीना सिखलाया
जिसने ज़िंदगी का मतलब बतलाया,
ए-शाम-ए-गुल
ए-भोपाल
तेरे दरबार में हाज़िर हूं
फिर एक बार,
रोशन कर दे
अपने गुलजार से
मेरे आब-ए-इंतज़ार....

|| 32 ||

मिलते मिलते
हम न जाने कहां खो से गए
इस दुनिया की गुफ्तगू में,
ज़रा इंतज़ार भी करा करो हमारा
ज़रा हाथ भी थामा करा करो हमारा,
कहीं खो न जाये
इस दुनिया के बाज़ार की शोखिओं / शोख अदाओं / निगाहों में

|| 33 ||

पिघलन

आकाश तले
दुनिया पिघलती है,
जहां भर की खुशियाँ
आसमां में मिलती है

फिर न जाने क्यूं
पिघलती दुनिया में
दिल झोका करते है,
शायद
ये इश्क़ है
पिघले हुए शीशे में भी
उसकी मूरत तराशा करते है,

आसमां की चाह लिए
जिये जो बरसों
आज
पिघली हुई दुनिया में भी
जीने की चाह
सिर्फ उसके लिए किया करते है

॥ 34 ॥

जन्मदिन मुबारक

हुस्न मेरे
मुबारक हो
जन्मदिन तुझे तेरा,
हर साल आए
बरसते नए सावन की तरह,
धूप निकल
चेहरे पर मुस्कुराती रहे सदा,
चाँदनी सी शीतलता
बसती रहे आंखो में तेरे सदा,
खिले उपवन की तरह
बिखरती रहे मुस्कान तेरी सदा,
आज़ाद रहे
तेरा मन
तेरा तन
पतित पावन
पवन की तरह
ऐ हुस्न हर दम
हुस्न की तरह

|| 35 ||

कुदरत से
बस इतनी सी ख़्वाहिश
सदा करे पूरी
आपकी ख़्वाहिश,

हरदम दे झूमते उपवन
हरदम खिलते रहे
आपके चेहरे पे पुष्प निरंतर,

हरदम शीतल हवा सी बह
हो तुझसे और शीतल,

हरदम आसमां के
चाँद-सितारे निकल
निहारे तेरे शीतल से स्वपन,

हर भोर का उगता सूरज
हो जाए तुझसे और शीतल,

हर करलव पंछी राग
बस शीतल कर्ण राग
मदाते ये उपवन,

तुझसे ये कुदरत
तुझसे ये शीतल जन्नत ...

॥ 36 ॥

शायरी के नगमें

क्या बताए
हाल-ऐ-दोस्त
दर्द में दिल
से आवाज़ न निकली
निकली तो चीख़ होती
कुछ पलो की ,
शायरी से गम भुलाए तो जाते है
पर कभी कभी
अकेलेपन में सुकू भी दिया करते है
ये शायरी के ग़म भरे नगमें,

|| 37 ||

आवाज़

फिर से कोई आवाज़ न लगा
ऐ दोस्त मेरे दिल को,
आह निकलेगी फिर
आँसूओ से बयां होके ..

|| 38 ||

विद्यालय की यादें

A Place from Where
Aman Konark Modi becomes
What he is
Identify who he is
Express of what he is.
Learning place of life
Living persons and
Almighty World...
Books, Cooking
Gym, Playing
Snake Marai (Killing),Washing
Bunking, Teasing.

Hosteller Make Hosteller
Room No: 6, 8, and 5,4,13,2,3,1
अनवर, अजय, अमन, रवि, केशव, अक्षय (मट्रेक्स), अभिषेक (राधे), विक्की,
स्पेसियाली टीवी रूम,
मैस, छत और बागीचा
अमरूद, नीबू, अनार,
वार्डेन मैडम का आम की क्यारी के लिए ताला लगाना
हमारा छत फांदकर बागीचे जा
आम तोड़ लाना,
गुलाब तोड़ अनवर द फ़ोरटीन का
आइ लव यूं कहना,
वो बार–बार वॉटर कूलर का खराब हो जाना
हमारा रात-रात स्कूल बिल्डिंग से पानी लाना,
छत पर कपड़े धोना
ठंड में टंकी से नहाना
शनिवार
चोरी-चोरी डीवीडी ला
फिल्म देखना,

LNIPE जाना,
दूरभाषो चिल्लाना,
फ़ील्ड में फूटबाल की कुलांटी खाना / लगाना,

Place ऑफ मस्ती
राधे का चाबी घुमाना
ID card को Mobile बनाना,
ठंड में भी हाफ Sweater पहनना
गर्मी में..............,
कभी भी
कहीं भी
क्रिकेट–बैडमिंटन खेलना,
वो गेट पे जा
चौकीदार अंकल से गप्पें लगाना,
ठंड में उनके साथ बैठ-बैठ
लकड़ियां जला
आग सेकना,
Light जाने पर Basket Ball Court में सोना,
Matrix का करतब दिखलाना
चंगु-मंगु के मज़े लेना,
Major लाठी का हाई Jump लगाना,
विक्की का Mess की घंटी ज़ोर-ज़ोर से बजाना
वो हमारा थाली घूमा के जाना,

बुधवान का बागीचे में New Year के दिन ....,
अनिल भईया का छत पर जाना..........
याक़ूब भाई की बॉडी बनाना,
दुबे भैया की मस्ती
मण्डल सर के खाने में लाल मिर्ची मिलाना,
प्रधान भईया की 100 m Butterfly Run,

नुरुल भईया का 18-18 घंटे तक पढ़ना,
मोदी-अजय का English की Golden Guide रटना,
शैतान सिंह का मस्ती कर
वार्डेन के सामने
हर वक़्त अपनी गलती मान
फिर शरारत करना,
अनवर Fourteen का I Love You कहना,
सुजीत भईया का Cycle ले जाना,
संतोष भईया का जी हुज़ूर कहना

वो 70 साल के मैस वाले गुप्ता जी के
रिश्तेदार का गुज़र जाना
कभी मौसी-कभी दादी,
कभी बुआ-कभी फूफा,
कभी नानी-कभी कोई,

हम सबका मिलकर खाना बनाना
दलिया, दूध और पोहा-परांठा
Fish-Chicken-Mutton,
Egg-पनीर
Specially खीर बनाना,
साथ-साथ एक थाली में बैठ
20-22 रोटी खा जाना,
हो कबूतर कह
अंडे चुराना,
छिपकली कह
पनीर उठाना,

पंडित भईया का
प्यार के धोखे में Frustrate होना,
बिल्ली-पचौरी के Items,

मेरे हुस्न मेरी इबादत

Sixe's का Foreign का Make-Up करवाना,
Tiger भईया का 100m का Record
प्रधान भईया का पोल-वाल्ट
बरखा दीदी की हंसी,
नाज़िया दीदी को टमाटर देना
लांजवार सर, अनिल सर,
सन्नाटा
वो पैदल SBI LNIPE जाना
वहाँ की Madam का घूर-घूर कर देखना
Principal का डाटना
राठी मैडम
पीयूष का बैडमिंटन खेलना
Bat से ही साँपो को मारना,
वो कूल्हाड़ी से मिलकर
पेड़ काट Camp-Fire करना,
होली के दिन
मिट्टी में भैंसों की तरह
लोट–पोट होना,
विक्की का Army Cantt जा के
हॉस्टल भर का सामान लाना,
मनीष भईया का बॉडी बनाना
ढाका-वासी की चप्पलों से
पूजाकर
सनडे दिवस मनाना,
बांग्लादेशी का
चल चमेली बाग में
"साइकल चलाने को" का गाना गा
ताना मारना,
उसके फौजी बापू का
दारू पी के

दूध माँगो खीर देंगे
कश्मीर माँगो चीर देंगे
रात भर चिल्लाना,

मस्ती बड़ी
Railway Station में मामा जी का खाना,
ICH का डोसा खा
बार-बार सांभर माँगना,
Bus Stand पे पनीर लेने जाना
हर वक़्त
STD खोज-खोज कर,
घर फोन लगाना,
हॉस्टल के फोन से..........,
गोले के मंदिर
टेम्पो के पीछे लटक लटक कर जाना,
Thatipur से मैच लेना
लड़ाई में फोड़ा–फाड़ी करना,
हॉस्टल का खौफ़,
वो नाले खेतों Cross कर मेले जाना
रास्ते-रास्ते खेतों से चने–मटर चुराना
उस पर
खेतवाले का लठ ले
पीछे दौड़ लगाना

वो कदम का पीपल का पेड़
वो होली के दिन लकड़ियो को...........
उसके आगे खड़े हो फोटो खिचवाना.....
और
फिर
Fire Extinguisher ले आग बुझाना

Hostel ही Hostel
Hosteller ही Hosteller

Sports Hostel, K.V.No1 Gwalior

|| 39 ||

बेरुखी

दोस्ती की खातिर
तबाह हुए जा रहे हैं
अपने ही आप,
ऐ ज़िंदगी
तू इतनी बेरहम क्यूं हैं,
न दोस्ती निभाने का मौका देती
न ही मोहब्बत के जज़्बात बयां करने देती,
मेरा अक्स भी
है आइने से रूठा क्यूं,

हर वक़्त
जब भी
कोशिश करता हूं कुदरत
तुझमें मिलने की
न
जाने क्यूं
हर वक़्त
मुझे जीने की आस देती
मुझे किसी न किसी बहाने
अपने से दूर रखती,
इसे मैं तेरी
मोहब्बत समझूं
या
बेरुख़ी जानू

आज तो तूने
मुझे रोने भी न दिया

मुझे हँसने भी न दिया,
मातम मनाने का
मौका भी न दिया,
हर वक्त
कभी चिड़िया की चहचाहट
सुनवाता,
कभी गाय के गले की घंटी
बजाता,
कभी बतखों के पंखों के फड़फड़ाने का
क्रंदन गूंजाता,
कभी स्वांग बन
मेरे साथ बैठ
अकेला न रहने देता,

तू मुझपर मेहरबा क्यूं
तू मुझको मरहम क्यूं

॥ 40 ॥

धरा

धरा पर
पीली पीली सी
मुसकुराहट बिखरी,
हुस्न पे
पीली पीली
हल्दी निखरी,
ये
रेशमी सी
कोरी सी
धुंध की चादर,
यूं
मखमली एहसास लिए
है पसरी,
यूं यूं
यूं यूं
उजले उजले
चेहरों पे
चमक है खिलती
दमक है रिसती...

|| 41 ||

अतीत

वो कहते है
की
अतीत के दामन पे
कांटे हज़ार चुभे है,
पावों तले राहों पे
कांटे हज़ार (कई) बिछे है,
मेरे पास न आ
ए दीवाने,
इन काटों से
लहू के रंग बहे है,

ऐ मेरे हुस्न
ऐ मेरी इबादत

तेरे दामन से हर कांटे मैं चुनूँगा,
हर चुभन को
गुलाब की पंखुड़ियों से मैं ढकूँगा,

तेरे क़दमों तले
अपनी हथेली रख
हर कांटे की चुभन सहूँगा,
बहार-ए-चमन के
फूल बिखेरुंगा,

ए हुस्न
तेरे हर अतीत के साये को
मैं

अपने चिराग-ए-रोशन से
गुल करूंगा,

बस हर पल
हर साँस
हर लम्हा
हर सदी
हर जन्म

बस तेरा
बस तेरा ही
इंतज़ार करूंगा
तेरा ही
इस्तक़बाल करूंगा,

तुझसे ही
प्यार करूंगा,
तुझपे ही
जां निसार करूंगा

॥ 42 ॥

नारी

(तू सबसे प्यारी, तू सबसे न्यारी)

नारी
नारी
तू सबसे प्यारी- प्यारी
तू सबसे न्यारी- न्यारी,
तू (किसी) माँ की लाड़ली
तू (किसी) बापू की दुलारी,
तू (किसी) आशिक के ख्वाब
तू (किसी) दीवानों का खिताब,
तू (किसी) मस्तानों की आरज़ू
तू रिश्तों को निभाती
तू रिश्तों को अपनाती,
तू किसी की लाड़ो,
तू (किसी) बाबा की बेटी
तू (किसी) ससुराल की बहू,
तू (किसी) दिलवारों का स्वपन/सपना
तू (किसी) मेरा (का) ही अपना,
तू पथ की अंगड़ाई
तू थके हुये का सुकूं,
तू (किसी) बेटी-बेटों की माँ
तू (किसी) जनाब की बेगम,
तू ही नानी की छांव
तू दादी की कहानी,
तू (किसी) मुसाफिरों का इंतज़ार
तू किसी का इकरार,
तू शम्मा किसी की

तू क्षमा किसी की,

तू (किसी) राँझे का महताब

तू (किसी) ही मेरा आफताब,

तू (किसी) सुबह के सूरज का गाँव,

तू (किसी) पथिक की दोपहर की ठंडी छांव,

तू (किसी) प्रीतम की शाम की लालिमा

तू (किसी) मेरा रात का चाँद,

तू आधार जीवन का

तू व्यवहार जीवन का,

तू (किसी) के सफर की मंज़िल

तू (किसी) मेरे रास्ते का हमसफर,

तू प्यारी रानों

तू प्यारी शानो,

तू प्यारी बिट्टू

तू प्यारी किट्टू,

तू खिलता गुलाब

तू शायर का ख्बाव / शबाब,

तू ढलती साँझ

तू मचलती आँच,

तू जान किसी की

तू मान किसी की,

तू मेहमा किसी का

तू अरमा किसी का,

तू जननी

तू पालनहारणी,

तू माँ का प्यार,

तू रवा सी बहार,

तेरे बिन

ए न्यारी नारी

ए प्यारी नारी,

गुमनाम ये ज़िंदगी
गुमनाम ये फ़िजाए,
गुमनाम से अफसाने
गुमनाम से तराने,

नारी ओ प्यारी नारी
तेरे बिन सूने उपवन
तेरे बिन मूने (मौने) ये स्वपन,
नारी तू है
नदियों की रवानगी,
नारी तू है
मौसमों की बेताबी,
नारी तू है
तो धरा है,
तू है
तो सहरा है,
तू किनारा जीवन का,
तू सहारा जीवन का,
नारी
नारी
ओ सुंदर प्यारी,
इस जग की राज दुलारी
ओ
नारी
नारी
तू जीवन में सबसे प्यारी-प्यारी..
तू जीवन में सबसे न्यारी-न्यारी..

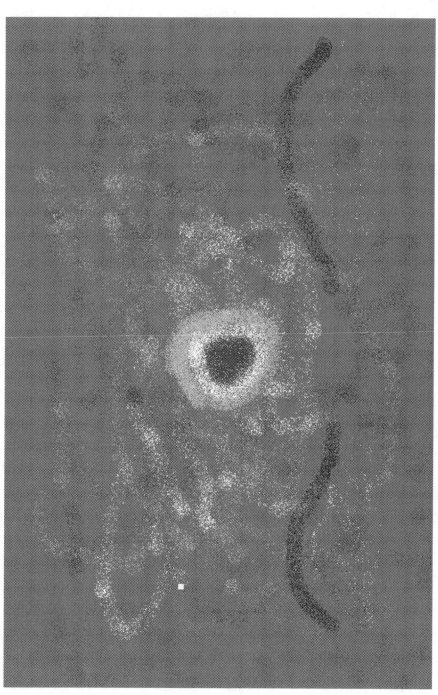

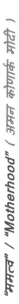

"ममत्व" / "Motherhood" (अमन कोणार्क मोदी)

॥ दुआ-ए-कलम ॥

|| 43 ||

शरीक

यूं ही गम में शरीक होते है मेरे
कुदरत के फ़साने,
यूं ही ख्बाव पूरे होते है मेरे
कुदरत के बहाने,
हर वक़्त
हर पल,
जो आरज़ू-ए-इबादत थी मेरी
बरखा की कुदरत से,
आज फिर
मेरे आँसुओ को अपना बना,
खुद नम कर
रहमत कर दी...

|| 44 ||

उदासी

दुनिया जहां में मन्द मुस्कान बिखेरते हो
न जाने कितने तराने उकेरते हो,
बस मेरे लिए ही
होठों पे यूं उदासी क्यूं
चेहरे पे यूं खमोशी क्यूं,
क्या खता हुई मुझसे
क्या नादानी हुई मुझसे,
ये बतलाना जरा
ये समझाना जरा,

|| 45 ||

वादा न ले

ऐ हुस्न
तेरी हर बात मानूँगा मैं
तेरा हर हुक्म सरआखों पे रखूँगा मैं,
बस
अपने से मोहब्बत न
न करने का वादा न ले,
अपनी सी आरज़ू न
न इंतज़ार करने का वादा न ले,

|| 46 ||

चाहत

ये चाहत यूं परिंदो की तरह ,
विचरु खुले आसमां में मैं,
हर बरामदे बैठ बैठ
बस तलाश करता रहूँ
हुस्न ए सुकूं महफिल की,
बस इंतज़ार करता रहूँ
बारिश की बूंदों की,
रिमझिम रिमझिम सी
आतिश बाज़ियों की...
भीगी भीगी उपवन की कलियो की ..
यूं ही चाहत है मेरी
यूं ही अरमान है मेरे ...

|| 47 ||

क्या हुआ हाल ए जनाब
यूं कोहराम सा गुस्सा किस पर
यूं बेनूर सा जूमला किस पर

|| 48 ||

मयखाना

सुना है
मयखाने में रंज भूलाए जाते है,
दुश्मनी
गिले शिकवे भूलाए जाते है,
सारे गम
सारे दुख
डूब जाते है,
हर जाम के साथ
हर जाम के साथ
भ्रम भूलाए जाते है,

पर
ऐ हुस्न
तुझे भुलाने
यूं मयखाने में
यूं दाखिल हुआ,
हर जाम
यूं तुझे भूलाने उठाए,
हर जाम में
यूं तू मुझे दोगुना याद आया,

आज जाना
झूठ कहते है लोग
मदिरालय में
मयखाने में
मद हो
मदमस्त हो

गम न भूलाए जाते है....
गैर न बनाए जाते है....

॥ 49 ॥

वसंत

सफर
सफर
गुजरे रहे
यूं सड़कों पे होंगे,
हर
खेत खेत पक्की पक्की गेहू की बाली,
टेसू टेसू मुस्कुराती फूलो की लाली,
मीलो के पीले पीले से पाथर,
पेड़ो के सूखे सूखे सुर्ख से पतर,
आमों के वृक्ष पे मद से बौर
तो क्यूं
कोई बावरा जाए
इस प्रकृति को छोड़,
यही है दोस्तो
वसंत का अश्क
वसंत का नक़्श

॥ 50 ॥

यूं मयखाने में न था कुछ दिन
तूने अकेले ही जाम
उठा लिए
तूने अपने ही प्याले
उठा लिए,
ये इंसान की फ़ितरत ऐसी
अपनी शरम दूसरों पे मढ़ने चले जैसी,

|| 51 ||

मुबारक है दोस्त मेरे
ये जशन जीवन-ए-जहां,
कुदरत करे ये फूल उपवन में
यूं ही सदा
हर पल
हर मौसम
मुस्कुराते रहे यहाँ...

दुआ है कुदरत से यार के लिये
उनकी इबादत ए मोहब्बत आरज़ू जुस्तजू के लिए

॥ 52 ॥

मासूमियत

मेरी मासूमियत को
मेरा ऐब न समझ,
मुझे पतझर में सुकूं था
मुझे उपवन में न दर्ज कर,

|| 52 अ ||

आज

आज बहुत ही मंथन में मैं हूँ
आज बहुत ही दर्द में मैं हूँ
आज बहुत ही कठनाई में मैं हूँ
आज बहुत ही मुक्त में मैं हूँ
आज बहुत ही काठोर में मैं हूँ
आज बहुत ही दुविधा में मैं हूँ
आज बहुत ही चिन्तन में मैं हूँ
आज बहुत ही विरहा में मैं हूँ
आज बहुत ही संताप में मैं हूँ
आज बहुत ही दुनिया दारी में मैं हूँ
आज बहुत ही स्थूल में मैं हूँ
आज बहुत ही सूक्ष्म में मैं हूँ
आज बहुत ही मर्म में मैं हूँ
आज बहुत ही निर्मम में मैं हूँ
आज बहुत ही निद्रन में मैं हूँ
आज बहुत ही रुन्दन में मैं हूँ
आज बहुत ही अश्रु में मैं हूँ
आज बहुत ही काँटो में मैं हूँ
आज बहुत ही घुम में मैं हूँ
आज बहुत ही धुंध में मैं हूँ
आज बहुत ही संचय में मैं हूँ
आज बहुत ही रिंद में मैं हूँ
आज बहुत ही बिका सा मैं हूँ
आज बहुत ही अनिश्चित सा मैं हूँ
आज बहुत ही अलाप सा मैं हूँ
आज बहुत ही अंजान सा मैं हूँ

आज बहुत ही सवाल सा मैं हूँ
आज बहुत ही ना उम्मीदी में मैं हूँ
आज बहुत ही जंग में मैं हूँ
आज
आज
आज
आज बहुत ही अचरज है
आज बहुत ही चिर है
आज बहुत ही अनंत है
आज बहुत ही सनातन है
आज
कभी न ख़त्म न होने वाला
आज
हर वक़्त आने वाला,
ये आज
ये आज

|| 53 ||

तौबा

ऐसे ख़्वाब न थे मेरे
किसी के ख़्वाब
यूं मेरे ख्वाबो से उखड़े,
ऐसे अरमा न थे मेरे
किसी के अरमा
यूं मेरे अरमानो से बिखरे,

माफ करना मुझे
पाक रखना मुझे
अब न करूंगा ऐसी आरज़ू
यूं न करूंगा ऐसी मतलबी कारजू

जहान
अब माँगने से पहले
अब तौबा करूंगा फेरों
अब तौबा करूंगा पहरों

|| 54 ||

तलाश

दोस्त ढूँढता हूँ
शहर की रंगीनियों में,
दोस्त मिलता तक नहीं
सहर की वीरानियों में,
खूब मिले जन
जुबा से खुले मिले जन,
खूब सिले दिल
जुबा से धुले सीले दिल,
अमन फिर भी क्यूं अश्क बहाता है
अमन फिर भी क्यूं नक्श बनाता है

जहाँ
न मिला कोई दोस्त ऐसा,
जहन
का दर्द भर कर बता दू ऐसा,
जो
निंदा करे मेरी
जो
ज़िंदा करे मेरी,
जो
निंदानियों से वंदनियों
की
ओर की चढ़ाइयों की कठनाई समझाये
उसमें सुगमता का रथ बन जाये,
जो
वंदनियों से निंदानियों
की

ओर की खाई के अंधेरे बतलाए
उसमें उजला पथ बन जाये,

कहीं तो होगा जिसकी मुझ जैसे को तलाश हो
कहीं तो होगा जिसको मुझ जैसे की तलाश (आस) हो,
कहीं तो ऐसा कोई तो होगा
कहीं तो ऐसा कोई तो होगा

मेरे हुस्न मेरी इबादत

॥ 55 ॥

ट्रिब्यूट टू मिर्ज़ा गालिब साहब

जा रहा था कासिम की गलियाँ छोड़
मयखाने की ओर,
किसी ने फिर आवाज़ दे दी
ठहर जाओ
रुक जाओ
मत जाओ
ये कासिम की गलियाँ छोड़,
रुख़ कर जाओ
लौट आओ
अपने घर की ओर...

"यूं निकाल रहा था क़ासिम की गली से
लो फिर आज कोई आवाज़ देने लगा
न जाओ क़ासिम की गली छोड़"

|| 56 ||

लख देखे

जहान में हसीं लख देखे
जहान में हसीं लख बसे
तुझ जैसा आईना
तुझ जैसा सामिया
दूजा न देखा (दिखा)
दूजा न मन में बसा

|| 57 ||

उसका ठिकाना

खुदा खुदा करते रहते हो
खुदा खुदा पूजते रहते हो,
पर ये तो बता दो जरा
पर ये तो कह दो जरा,
उसका ठिकाना कहां है
उसका टिमटिमाना कहां है,

न मंदिरों में वो बसता
न मस्जिदों में दिखता
न गुरुद्वारे पे रचता
न गिरजों पे सुनाई देता,

फिर कहां है उसका ठीकां
फिर कहां है उसका निशां
कहीं दिल में तो नहीं बसता
कहीं फूलो में तो नहीं खिलता,

॥ 58 ॥

मझधार

मझधार में अकेले ही डूब रहा था
जब
कोई हाथ न बढ़ा सका,
अब किनारे पे
खुद ही जदो जहद से
जो पहुँचा
सैकड़ो हाथ थामने बढ़ गए

|| 59 ||

दोस्त

मिश्र मेरे पथ प्रदर्शक हो तुम,
आदर्श मेरे जीवन दार्शनिक हो तुम,
यूं न तंज़ कसो
कभी शेर भी शायर हुये है
यही शायर
शेर जरूर कसते है...

|| 60 ||

शेर-ओ-शायरी

शेर अब
दहाड़ छोड़
शायरी शायरी सी चिल्लाने लगा है,
शायर अब
शायरी छोड़
शेर शेर सा गुर्राने लगा है...

॥ 61 ॥

कुदरत की अठखेलियाँ

सुबह सुबह
पंछी कलरव करते
कोयल कूहू कूहू करती,
गौरैया चह चहचाहट करती,
मोर मोरनी नित नृत्य के रंग बिखेरते,
काक काकह काकह करते,
मधुर संगीत सी शहनाई सुनाते,
मुझे रोज़ सुबह का सूरज दिखलाते
मुझे रोज़ सुबह ख़्वाहिश को पूर्ण कराते,

वायु पावन
मंद मंद सी
सर सराती
हुस्न का पैगाम बतलाती (कहती),
पेड़ो की शाख पे
पत्ते पत्ते
झूम-झूम
खड़-खड़ाते बुलाते
मधुर स्वर सा संगीत है गाते,
पुष्पों की कलियाँ
खिल-खिल
मधु-मधु से मदाते,
मुझे रोज़ सवेरे ताज़गी का अनुभव कराते
मुझे रोज़ सवेरे अपने आग़ोश में ले जाते,

सुबह-सुबह
लालिमा ले

बदलों से
पहाड़ो के मध्य से
उगता सूर्य
उष्म किरणे बिखेरता.
मुझे रोज़ साक्षात के निकट ले आते
मुझे रोज़ प्रकृति-कुदरत की अठखेलियों की अनुभूति कराते,

|| 62 ||

Tribute to Romantic Love Movie's of Yash Raj Chopra

सुनसान सी है गलियाँ
सुनसान सा शहर है,
वीरानी सी जन्नत
गुमनाम सा यश है,
गुमनाम से है परिंदे
विरहा से दिल है,
सहर में तन्हा सा सूरज
निशा में तन्हा से स्वप्न है,

|| 63 ||

Tribute to Habib Tanveer Sahab,
A Ultimate Legend of Life Of Ruh of Bhopal

ये शहर है तनवीर का
यहाँ हर मोड पे तस्वीर बसती है,
ये शहर है गलियों का
जहाँ हर रोज
रवि की किरण बिखर
अंधेरे दूर करती है,
ये शहर है आदर्श की गरिमा का
जहाँ हर लफ्ज़ में तहजीब बसती है,
ये शहर है शीतल सी फिज़ाओ का
जहाँ हर तरफ अमन-ए-जन्नत कस्ती है....

मेरे हुस्न मेरी इबादत

|| 64 ||

यूं खफा न रहो हमसे
मौत और नजदीक आ जाएगी,
कुछ दूर दोस्त बन रह लो ज़िंदगी में,
कुछ पल और
ज़िंदगी बढ़ सी जाएगी

|| 65 ||

अदायतें

यूं गम न करो अमन
अदायतें (अदायगी) तो होती ही ऐसी है,
कभी खुशी सी
कभी दुखी सी
हम खुश रहे तो परवाह जमाने को
हम दुख में रहे तो बे-परवाह जमाने को,

|| 66 ||

सुरेन्द्र भाई "सूरी पाजी" को समर्पित

दोस्ती भी अजीब होती है
ज़िंदगी की खूबसूरती सी होती है,
पास होते हुये भी
कुछ खट्टी-मीठी सी होती है,
दूर होते ही ना जाने क्यूं
शहद सी मीठी होती है...

गज़ब है ज़िंदगी
अजब है ज़िंदगी,
बावफ़ा भी तू ही
बेवफ़ा भी तू ही,
सुकूं की बरसात भी तू ही
बेसुकूं की बिसात भी तू ही,

सराबोर-सराबोर
मदाती मचलती हुई ये ज़िंदगी,
पालों लम्हों में संजोए
मोतियों सी बजती ये ज़िंदगी,
चंचल आँचल सी लहराती ये ज़िंदगी
नदिया के पानी सी लहराती गुजरती ये ज़िंदगी....
ये ज़िंदगी
कभी अपनी सी
कभी पराई सी
गुलाब के फूलों की पंखुड़ियों सी ये ज़िंदगी .....

|| 67 ||

क़ैद

यूं शेर को क़ैद कर रखा है
शायरों की तरह,
एक वचन की खातिर बंधा है जो,
यूं न हुंकार करो ए बंधूवर
खुद ही बंधा हूँ
खुद ही कसा हूँ
वर्न (वरना) गुलाब की पंखुड़ियों से
लहू के रंग बहाने वाले,
यूं गुलाब की कलम डुबो अश्रु न बताते
यूं आंखो से नम आँसू न बहाते,

|| 68 ||

समझ

यूं तो समझे न थे
वो हमें इनसा
इनसा को इनसा की तरह,
एक वो हुस्न बनाया
एक वो मैं को बनाया,
हुस्न को हुस्न कहे हम
तो शरम है,
हुस्न को हुस्न न कहे हम
तो जुल्म है

|| 69 ||

ख़फ़ा सी सूरत

खफा सी
रूठी सी
मायूस सी
कुछ कमी सी
है उस हसीं चेहरे पे..
जो
हँसती आंखो से
मुस्कुराते होठो से
छुपाए जा रही है
मन में दबाये जा रही है..

"ख़फ़ा"

(अमन कोणार्क मोदी)

॥ अदायगी-ए-हुस्न ॥

मेरे हुस्न मेरी इबादत

॥ 69 अ ॥

जमाने में यूं क्यूं कहते हो,
जो जल रहे हो
अपनी ही अग्न में,
क्यूं दूसरों पे दोष
कहा करते हो
जो रोष हो
खुद ही जामने से

|| 70 ||
जुगनू

रात में सितारे जहां में बहुत थे
बस जुगनू की कमी खल गई
की
जिसको अपनी पनाहों में
समेट लेते..

|| 71 ||

राग

यूं न राग छेड़ो बलमा
दिल में फाग बलखाते हैं

|| 72 ||

फागुन का रंग

मुबारक हो इंद्रधनुष के
उत्सव के सतरंगी संग
रंगीन फागुन के नारंगी वन

रंग रंग हर वसंत
झूमें हर जन जन
गुल / घुल मिल
गले मिल
रंग भिन्न
रंग छिन
भेद भिन्न
भेद छिन
मनाए उत्सव
मनाए हर्षव
साथी संग
संगिनी संग

|| 73 ||

उसकी याद-उसकी बात

उसकी (तुम्हारी) हर बात याद मुझे
उसका (तुम्हारा) गान
उसका (तुम्हारा) मान,
उसकी (तुम्हारी) नादानी
उसकी (तुम्हारी) दीवानगी,
उसका (तुम्हारा) डांस
उसकी (तुम्हारी) खांस,
उसकी (तुम्हारी) चोटी
उस पर उंगलियां फेरना,
उसके (तुम्हारे) गुरुवार को
खुले बाल
लाल से गाल
उसकी मुसकान
उसका (तुम्हारा) काजल
उसके (तुम्हारे) दिल की निश्छलता
उसकी (तुम्हारी) पायल की सरगम
उसकी (तुम्हारी) हर बात
उसकी (तुम्हारी) हर याद,
उसका (तुम्हारा) खफा सा चेहरा,
उसका(तुम्हारा) उफ़्फ़
उसकी (तुम्हारी) आह
उसका(तुम्हारा) अंगड़ाना
उसके (तुम्हारे) थिरकते नयन
उसके (तुम्हारे) केश के पे हैयर बैंड,
उसका (तुम्हारा) जम्हाई लेना
उसका (तुम्हारा) थक कर चूर हो जाना

उसकी (तुम्हारी) जुल्फों का हवा में बिखर जाना
उसके (तुम्हारे) मन की कोमलता
उसकी (तुम्हारी) हथेलियो की मेहंदी
और न जाने क्या क्या
और न जाने क्या क्या...

|| 74 ||

नौकरी तो सेवा है
जहां का हुक्म हो
वही बसेरा है,

|| 75 ||
Confess of Love
"इकरार-ए-मोहब्बत"

Will you be my life?
I try to understand a lot
But
I wouldn't be
Whenever I close my eyes you are there
When I open my eyes you are there
When I think of anyone you are there
When I see anyone your face is there
What shall I do?
I don't know
You say lot to understand
I try lot to understand
But
How could I understand?
I am unable to...
As
I Love you
As
I Love you

मेरे हुस्न मेरी इबादत

"कबूल" / "Confess" (अमन कोणार्क मोदी)

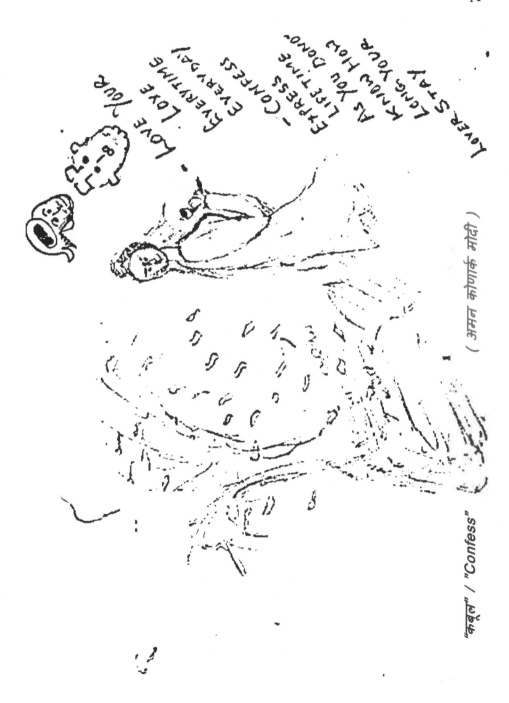

॥ अभिव्यक्ति-ए-हुस्न ॥

मेरे हुस्न मेरी इबादत

|| 76 ||
Wait
"इंतज़ार"

I will wait for you
Till that day rise
Till the dawn sets,
And
Morning sun rises
With new hope,

I will always wait
For that rise of sun
With blooming flowers of your smile
And
For that Day
Till the all past
When becomes slip
Like cocoon of moth
With leaving silk behind
And
Colourful butterfly of sky
moving ahead
To the flowers
To pleasure the beauty of them
With your Grace
With your love

|| 77 ||

Sun Rises in the Sky
Clouds Become Shy
Rays make Sky Splendid
Breeze waves the heart of trees
Birds sing the melody of Life

Oh My Love
You Owe
You Win
My Heart of Life

|| 78 ||

Quotes:

"Rejection is the experience to learn
&
Know how to be accepted"

|| 79 ||

"Humanity is Human Ideology.
Will have to be on Human Side
Without any Distinction"

|| 80 ||

"Truth of happiness lies
On the shed of blood of braves
And rest
On the shoulder of braves"

|| 81 ||

Tribute to My Gurus (Teachers)

"This year up to a lot of worse
in way
and
in array
But still I am waiting of ray of flare
By taking experience
of worse
To nurse
and purse the glare."

"I want to say
A Teacher is a ray
Who pave my the way
Who make my life without the gray,

I want to say
A Teacheris a rope
Who give the hope
Who make my life without the nope,

I want to say
A Teacher is knot
Who give the thought
Who make my life without the snot"

|| 81 अ ||

"She sees the sea of C with she
At the sea's shealf"

|| 82 ||

सुध

वो अकेले ही खड़े महफिल में,
कोई सुध
कोई साथ न देने वाला मिला,
इंतज़ार करती है जिसका तेरी (उसकी) आंखे
वो सनम तुझे (उसे) साथ न मिला ,
कोई उन्हे बताए
वो क्या जाने
हम दिल में अरमान लिए बैठे है
उनका हर महफिल में,

इंतज़ार की हर घड़ी में
इंतज़ार के हर पल में
साथ निभाने के लिए बैठे है
उनका हर महफिल में

"तन्हा" / "Loneliness" (अम्मन कोणार्क मोदी)

॥ आपकी अभिव्यक्ति "Express" ॥

मेरे हुस्न मेरी इबादत

|| 83 ||

नज़राना

मेरे हुस्न / मेरे दोस्त,
ये इबादते हैं
मैंने जो तुम्हारे लिए
सिर्फ तुम्हारे लिए की हैं,
बस चाहत
बस आरज़ू
एक और ही सही
चाहता हूँ तेरे लिए लिखी
इबादतें
तुझ तक पहुंचा दूं

बस एक बार नजराना कर दे,
बस एक बार (आरज़ू)...
समझूँगा इबादतों को रूह मिल गई

इस के बाद
तेरा हुक्म
तेरी इजाजत ...
क्या करूँ इन इबादतों का
बस इतना और ज़रा बतला देना मुझे,
क्या दफन कर दूँ
क्या हवन कर दूँ
या
गंगा में सिरा दूँ
या...
जरा बतलाना मुझे
जरा पथ दिखलाना मुझे ...

|| 84 ||

ए हुस्न मैं तेरा दीवाना
तुझे मोहब्बत करता रहा
तुझ पर जान लुटाता रहा,
पर तू
पर तू इस मोहब्बत की क़द्रदान न थी
तूने बस इसे
अपने मतलब के लिए खर्च किया,
मुझे इस बात का गिला नहीं
मुझे इस बात का शिकवा नहीं,
मैं तो तेरा मोहब्बत करने वाला
बस
इस बात की फिक्र सदा
कि
कभी तूने भी मोहब्बत की
कभी तूने भी अपनी जान लुटाई,
वह शख्स तेरे जैसा न हुआ
वह शख्स तेरे अरमा सा न हुआ,
नहीं तो...
नहीं तो ....
तू अपने आपसे नफरत कर बैठेगी
तू अपने आपसे गिला कर बैठेगी,
मैं तो तुझसे मोहब्बत करने वाला
ये
न देख सकूँगा,
तुझे रोते हुए देख
मैं न जी सकूँगा
मैं न जी सकूँगा ....

|| 85 ||

मुबारक

मुबारक हो
मुबारक हो
ए दोस्त तुझे तेरी दीवानगी
ए दोस्त तुझे मोहब्बत की खामोशी
पर
मेरे दोस्त इतना याद रखना
कि जब कभी
कि जब कभी
तू इस खामोशी से चिल्लाएगा
बस
तुझे मेरा चेहरा याद आएगा
याद आएगी ये दोस्ती
याद आएगी ये दरिया-दिली,
काश तुझे मोहब्बत इंसा से होती
काश तुझे मोहब्बत फूल से होती,
अमन
वो तो बुत थी
वो तो बुत थी,
जिस पर तू मर मिटा था
जिस से मोहब्बत कर
तू बुत हो चला था ....
तू मुजस्मा हो चला था .....

|| 85 अ ||

क़ातिल

एक कातिल मैंने शहर में ऐसा देखा.....
एक कातिल मैंने शहर में ऐसा देखा.....
जिसके चेहरे पर नूर था
जिसकी आंखो में समंदर बसा था
जिसके होठो पे मधु सी मिठास थी
जिसके बालों ने घटा को भी शरमा दिया,
उस कातिल ने न जाने कितनों को
गली से गुजरते वक़्त कत्ल किया,

उस कातिल से
उसी गली में
मेरा तन्हा दिल भी कत्ल हुआ ...
आज
उस कातिल से कत्ल होने का एहसास हुआ
हाँ मेरे दोस्त
हाँ मेरे दोस्त
मुझे इस कातिल से प्यार हुआ
मुझे उस कातिल से इश्क़ हुआ .....

|| 86 ||

करवां गुजरता रहा
हम देखते रहे...
हम देखते रहे...
इंसा के दिल में जगह बनाने को
हम सदियों से तरसते रहे ...
जिसे हमने अपने दिल में बैठा रखा
वह शख्स–ए-बुल-बुल डाल पे जा बैठा...

|| 87 ||

काबिलियत

मैं हर दिन सोचा करता
कि
आज तुझसे बात करूंगा
अपनी नहीं
अपने दिल की आरज़ू कहूँगा,
हर दिन इस हौसले को ले-ले
हर रात के तेरे ख्वाबों को ले-ले
तेरे दर पर दस्तक देता रहा,
तूने हर वक़्त उस दस्तक पे आवाज़ दी,

पर जब-जब
तू मेरे सामने आती है
न जाने इस ज़ुबां पे क्या आफ़त आती,
तुझसे कहने की कोशिश करता हूँ
मैं जब जब
न जाने मेरे लफ्ज़ में
ये शायरी कहाँ से आती,
तू हुस्न उसे मेरी काबिलियत समझती,
उनके लब्जों मैं
मैं शायर हुआ,

पर
हर शायरी मेरी
बस यह कहा करती
कि
मुझे तुझसे मोहब्बत है

ये दुआ करती
ये दुआ करती,
बस
तुझे मेरी शायरी में
तुझसे मेरी
मोहब्बत नज़र न आती
मोहब्बत नज़र न आती .....

|| 88 ||
नादानी

मेरी मोहब्बत को तू मेरी रुसवाई समझती
मेरी इबादत को तू मेरी कमजोरी समझती,
मेरी आंखो में जो तेरे लिए मोहब्बत बसी
उसे तू देख के भी अनदेखा करती

हाँ
मैं कमजोर नहीं हूँ इस मोहब्बत में
मैं तुझसे मोहब्बत करने में न डरता

इस समाज की रंज से मैं न डरता,
मैं जानता हूँ
ये समाज हमसे है
ये समाज हमें खुशियाँ नहीं दे सकता,

ये समाज बाते खूब करता है
पर
एक भूखे को रोटी
एक जरूरत मंद को
एक ठंड में ठिठुरते को
कपड़ा नहीं दे सकता,

पर
इसके ठेकेदारों को
न जाने
उन दिलो से क्यूं रंज है,
जो कुदरत
या फिर

164

मेरे हुस्न मेरी इबादत

जिसे यह भगवान कहते
उनके बस में
उनके इशारे पर हैं,

हर वक़्त
हर कर
हर होनी को
हर उनहोनी को
विधाता का लिखा बताते हैं,

पर
अगर
दो दिल मिलते
तो बस
इसे नादानी
इसे इंसा की भूल
बता इतराते है,

ये दोगलापन क्यों
ये दिखावे का तमाशा क्यों
इस सवाल का जवाब न दे सका कोई

बस कहते
दाता का विधान है यही
विधाता का विधान है यही

|| 89 ||

बदनाम

ये कैसी मोहब्बत है
ये कैसी कस्मकश है,
कि
तू मुझे
बदनाम करती रही
और हम
और हम
तेरी इस बेरुखी को मोहब्बत समझते रहे
तेरी नज़र में
इक खिलौना बन गए
और
दुनिया की नज़र में
इक कठपुतली हो गए ...

|| 90 ||

न खिजा से
न फ़िज़ा से
न नफरत से
न प्यार से
दिन-रात धड़कता
है ये दिल
तेरे इंतज़ार में,

|| 91 ||

कुछ दूर हमारे साथ चलो
हम दिल की कहानी कह देंगे
समझे न जिसे तुम आंखो से
वो बात जुबा से कह देंगे

|| 92 ||

तेरी दोस्ती ने दिया सुकून इतना
कि
तेरे बाद कोई अच्छा न लगे,
तुझे करनी है वेबफाई
तो इस अदा से कर
कि
तेरे बाद कोई दूजा बवफ़ा ना लगे..

|| 93 ||

तेरी मोहब्बत

तेरी मोहब्बत ने मुझे आशिक बनाया
तेरी इबादत ने मुझे शायर बनाया,
आज सिर्फ आशिक़ी करता हूँ तुझसे
आज सिर्फ शायरी में जिक्र करता हूँ तेरा

तूने
मुझे बेरंग तस्वीर में
रंग भरना सिखाया
आज हर तस्वीर में
तेरी याद पिरोता हूँ

तुम कहां चले गए मेरे सनम
मैं आज तक तेरी राह तकता हूँ
मैं आज तक तेरी रूह तकता हूँ ....

|| 94 ||

तेरा साथ

जब से तुझसे मोहब्बत हुई
कुछ अच्छा न लगे
दिन के उजाले का चैन कच्चा सा लगे
रात की नीद का स्वप्न अच्छा न लगे,
ये दुनिया में
मेरा अपना अपना न लगे,

तुम सब दिन उजाले में
बाल सवारती हो
तो मेरी जान
मुझे दिन की उजाले अच्छे लगे

तुम जब रात में चाँद –सितारे संग
अपने हुस्न के रंग बिखेरती हो
वो रात
वो आसमान
वो स्वप्न
मुझे अच्छे लगे,

मुझे क्या पता था
कि
मोहब्बत का असर ऐसा होगा,
तेरे बिन
दुनिया का असर फीका सा होगा,

बस एक ही आरज़ू है मेरी
तेरे संग ज़िंदगी बसर की तमन्ना मेरी ,

तू जो होगी साथ मेरे
हर दिन
हर रात
होंगे
मेरे तेरे
तेरे मेरे

॥ 95 ॥

एक नया सवेरा

रात की खामोशी
दिन के उजाले से
कोयल की कू से
पत्तों की खड़्खड़ाहट से
लोगों के अफसानों से
गुम हो चली,
आज फिर नया सवेरा हुआ है
हर सवेरे की तरह
आज फिर कोयल मुस्कुराई है
चिड़िया चह चहाई हैं
हर सवेरे की तरह,

आज सब कुछ वैसा ही है
उस सवेरे की तरह,
बस तू ही नहीं
बस तू ही नही नज़र आ रही
इस रोशन सवेरे में
इस रोशन सवेरे में

|| 96 ||

सौदा

जब हमने
अपनी जान का सौदा
किया मोहब्बत से,
वो
इस सौदे को मज़ाक समझते रहे,
एक दिन मोहब्बत का सौदागर
सच में हमारी जान ले गया,
वो बोले कि
हम पर तो हज़ार है
मर मिटने वाले,
एक आशिक और कम हुआ
पर दीवाने
अभी हज़ार है हमारे
हम पर फिदा होने वाले....

॥ 97 ॥

दस्तक

तेरे दर पर आज कई दस्तक दी मैंने,
तेरे दर पर आज कई दस्तक दी मैंने,
एक भी आह
एक भी काह,
एक भी साज़
एक भी आवाज़,
एक भी ढ़ोल
एक भी बोल,
न सुनाई दी
न शहनाई दी,
मैं तुझे ले परेशान हुआ
मैं तुझे ले हैरान हुआ,
जब तेरी साँसो की ख़ुशबू सदा हुई
तब मेरी साँसो में साँस आई,
जब तेरे दिल की धड़कन सुनाई दी
तब मेरे दिल में सुकू की राग आई,

ए मेरे हमनवा
तेरा शुक्रिया
ए मेरे हमसफर
तेरा शुक्रिया,
आज फिर तूने
मेरा जनाज़ा
रुखसत न होने दिया....

|| 98 ||

तेरी मैं क्या तारीफ करूँ ...
तेरी खुबसूरती की क्या बात कहूँ
जहां खूबसूरत है
तेरे दम से,
मेरी क्या औकात
मैं तेरी खुबसूरती की कह कहूँ..

॥ 99 ॥

चर्चा-ए-बाज़ार

मैं तेरे हुस्न का चर्चा करने बाज़ार में आया
मैं तेरे हुस्न का चर्चा बयां करने बाज़ार आया,
मेरे बयां करने से पहले
तेरे हुस्न के चर्चे पहले से थे,

कोई तेरी घनी छांव का आशिक था
तो
कोई तेरी लट्टों के गालो पे गिरने का दीवाना था,
किसी ने तेरी पलको पर अपने आशिया बांध रखे थे
तो
किसी ने तेरी आंखो के मयखाने से जाम उठा रखे थे,
कहीं चर्चा था तेरे सुर्ख होंठों का
तो
कहीं चर्चा था तेरे गालों की लाली का,

शोर था तेरे काजल से कजरारे नयनो का
शोर था तेरी कातिल फूलों सी मुस्कान का,
कोई तेरे आँचल में सुकून की कल्पना में मग्न था
तो
कोई तेरी बलखाती कमर पर फिदा था,
किसी का दिल तेरी चाल की मस्तानगी पर तड़प रहा था,
तो
किसी की रूह तेरे कदमों की पेजनिया की छन-छन से सन-सन हो रही थी,

अब इस बाज़ार में
क्या तेरी तारीफ करूँ मैं,
तेरे संगमरमरी बदन

तेरे नाज़ुक–कोमल हृदय
की क्या बात करूँ मैं,

ये बाज़ार वाले क्या जाने
ये तेरे दिल में बसे प्यार को क्या जाने
ये तेरे संगमरमरी बदन की नज़ाकत को क्या जाने,
ये तेरे गर्म-नर्म हथेलियों के अफसानो को क्या जाने,
ये न आशिक के बस में
ये न दीवाने के बस में,
तेरे हुस्न को तो
बस शायर ही जाने
बस शायर ही पहचाने ....

॥ 100 ॥

मुझे तो न मिली
इस बात का मुझे गम न था,
तुझे आशिक न मिला
इस बात का मुझे रंज न था,
मैं तो तेरे लिए दुआ करता
अपने प्यार के प्यार की
मिलने की फरियाद करता,
पर
न जाने क्यूं तुझे ऐसा लगा
मेरे साथ से
तेरा दीवाना न मिला,
तू मुझसे नफरत करती रही
पर
न जाने ये दिल क्यूं
तुझसे ही मोहब्बत करता रहा...

|| 101 ||

पत्थर

मैंने कुछ सवाल किए
ये तुझसे अपने
कुछ जवाब की आस में,
मैं तुझसे अपने
इन जबावों की राह में
रात भर राह तकता रहा,
दिन बीतनें पर भी
तेरी आस करता रहा,
पर
ऐ हुस्न मुझे मालूम न था
तू इतनी पत्थर दिल होगी,
या
तेरी शायद कोई मजबूरी होगी
कि तूने
कि तूने
न आह की
न उफ़ भी की,
न कोई बात बताई
न कोई राह दिखलाई,

॥ 102 ॥

मुकद्दर

कितने खत लिखे मैंने तुझे मोहब्बत के,
कितने नफरत के जलाए,
तू मोहब्बत में इतनी बावफ़ा निकली
कि
हर खत के जवाब में
मेरे नयन आँसू से भर आए,

सच ही कहती है दुनिया
शमा की आग में
मोम का पिघल जाना मुकद्दर है,
पतंगे की रोशनी से मोहब्बत में
मिट जाना मुकद्दर है,
परवाने का आशिक़ी में
जल जाना मुकद्दर है,
आदम का हौवा पर
मर मिट जाना मुकद्दर है..

॥ 103 ॥

ऐतबार

ए मोहब्बत
तू कुछ तो मुझ पर ऐतबार तो रख,
प्यार न सही
मेरी बात का ख़्याल तो रख,
तुझे ये मैं कैसे यकीन दिलाऊँ
तेरी मैंने इबादत की है
तुझे मैंने अपने दिल की रियासत दी है,
तू इतना बस मुझ पर ऐतबार कर
तेरी मोहब्बत मिले न मिले
तेरी चाहत की आहट मिले न मिले
तुझे पाने की मैं कोशिश न गैर करूँगा,
तेरे नाम से पहले
अपने नाम को बदनाम करूँगा,
तेरे आँचल पर
तेरी रूह पर
तेरे आँचल पर
कोई उफ़
कोई कहकशा न करेगा,
ये तेरे चाहने वाले का वादा है
आखिरी साँस तक
आखिरी दम तक
वफ़ा–ए-वादा रहूँगा ...

॥ 104 ॥

किनारे

तू उस किनारे पे खड़ी
मैं इस किनारे पे खड़ा,
बीच मझधार में कश्ती
लहरों की मस्ती पे
बसी
तेरी मेरी हस्ती
उस पर
तू खूब हँसती....

डूब रही थी जब मेरी कश्ती
उसने तूफान से लड़ने की ताक़त दे दी,
छू न सके मेरे लब ही उसके हौंठो को
उसने तो हर इजाज़त दे दी....

|| 105 ||

कभी-कभी लगता है
जिंदगी क्यूं है ऐसी
ज़िंदगी क्यूं बीती ऐसी
ज़िंदगी क्यूं मेरी हुई ऐसी

क्यूं हम
बेफ़िक्रों को किसीकी फिक्र हुई ऐसी
क्यूं हम
जहां में ऐ फ़ाकिर फ़कीर हुए ऐसे ....

|| 106 ||

राह कांटो भरी हो
या
फूलो से सजी,
क्या फर्क पड़ता है
क्या दर्द उठता है,
हम ही नहीं
और भी है राहों में,
रास्ता यूं ही कट जाएगा
सफर यूं ही कट ही जाएगा ॥

|| 107 ||

मेरा तू

मेरा दिल तू
मेरी धड़कन तू,
मेरा जहान तू
मेरा मान तू,
मेरा दिन तू
मेरी रात तू
मेरे हर पल की दास्तां तू
मेरी हर साँस की जान तू ...

॥ 108 ॥

तू और खुदा

तेरे घर से निकलकर खुदा का घर
तेरा सजदा करूँ
या उसकी इबादत,
महफिल में ये शोर है
सजदा ए मोहब्बत
इबादत ए खुदा है,

आशिक चिल्ला उठा
ऐ महफिल
जब खुदा की इबादत
महबूब के सजदे में है,
तो फिर क्यूं
मेरी आरज़ू ए मोहब्बत का
जनाज़ा उठाते हो,
मेरी दस्ता-ए-मोहब्बत को
यूं ही दफन क्यूं करते हो .....

|| 109 ||

खता नहीं है चाहत भरी नज़र की,
दोष नहीं है आब भरी बारिश की,
निकल कर घर से
ओढ़ ओढनी रे गोरी,
तुझ पे आलम है
ज़ोर जवानी रे गोरी ...

॥ 110 ॥

ये नफरत हमें जीने नहीं देती
मोहब्बत हमें मरने नहीं देती,
कैसे सुनाये अपने दिल की दास्तान
धड़कने तक तो सुनाई नहीं देती ...

|| 111 ||

खता-ए-इक़रार

मुझसे एक खता हुई
तुझसे मोहब्बत हुई
मैं न जानता था
इक़रार करना इतना महंगा पड़ेगा
इसका मोल तेरी मुस्कान से देना पड़ेगा,

काश मैं ये जानता
तो कभी इक़रार न करता,
अब तू ही बता मैं क्या करूँ
अपने आप को कैसे माफ करूँ,
तेरे चेहरे की यूं उदासी
मैं सह नहीं यूं सकता ...
तुझे रूठते
मैं देख नहीं सकता ...
मुझसे ये कैसे खता हुई
तुमसे मुझे मोहब्बत हुई ......

॥ 112 ॥

मंज़ूर

क्या तुमसे मैं नफरत करूँ
क्या तुमसे खफ़ा रहूँ,
क्या ये तेरी हँसी लौटा देगी
अगर हाँ
तो मुझे ये भी मंजूर है,
तेरी हँसी के लिए
तेरी खुशी के लिए
अपनी मोहब्बत को
अपनी नफरत में बदल लू
ये मुझे मंजूर है
ये मुझे मंजूर है...

|| 113 ||

त्याग

क्या करूँ मैं
तुझसे नफरत भी नहीं कर सकता
तुझसे खफा भी न हो सकता,
हाय ये मोहब्बत कैसी
तेरी खुशी के लिए
तेरी हँसी के लिए
मैं अपनी
हँसी भी खो सकता...

|| 114 ||

मुझे किसी से मोहब्बत नहीं तेरे सिवा
किसी की जरूरत नहीं तेरे सिवा,
मेरी नज़रों को थी तलाश जिसकी
किसी के पास
वो सुरत नही तेरे सिवा,

|| 115 ||

आईना

तेरे अक्स से
मैंने नज़रे (आंखे) बार-बार चुराई,
पर कमबख्त
ये दिल तेरे चेहरे का आईना था,
हर वक़्त तेरा चेहरा
दिल से उतर आंखो में बसता था,
तू ही बता ए हुस्न
मैं अब इस शीशे के दिल का क्या करूँ,
एक पत्थर भी उछालता हूँ मैं
ये मेरे इश्क़ की तौहीन होगी,
तुझे जिस शीशे में बसाया मैंने
उस अक्स की तौहीन होगी....

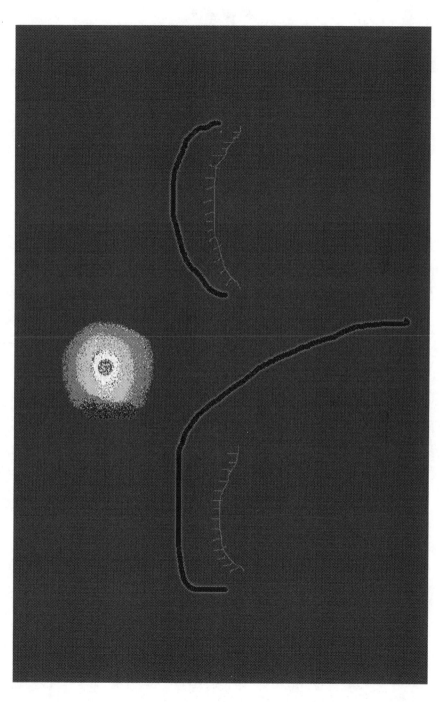

"संवेदना" (अमन कोणार्क मोदी)

॥ दुआ-ए-कलम ॥

|| 116 ||

यकीन

मेरी मोहब्बत पर सनम यकीन कर
न शक कर मेरी हँसी को देख कर,
लो मेरे दिल को चीर कर देख लो
लो मेरे हृदय को काट कर देख लो,
न रोना सनम
हर टुकड़े पे
अपना अक्स देख कर
अपना चेहरा देख कर...

|| 117 ||

याद

तेरा वो मुस्कुराना
तेरा वो पलकें झुका शरमाना,
तेरे काजल की मस्ती
तेरे होठों की बसंती,
तेरा बालो को सँवारना
तेरा चोटी को बनाना (गूँथना),
तेरे चेहरे का नूर
इन सब पर मेरा सुकूं,
न कोई मेरा कसूर
ए हुस्न की मल्लिका
तू न जा मुझसे दूर
तू न जा मुझसे दूर...

।। 118 ।।

रूठना

तुझे भूलने की कोशिश हज़ार की
तुझसे रूठने की ख्वाहिशें हज़ार की,
हर कोशिश में
हर ख़्वाहिश में,
तेरे चेहरे का नूर याद आता था
तेरी आंखो का सूर (सुरमा) याद आता था,

मुझे माफ़ करना ऐ हसीन
मुझे माफ़ करना ऐ हसीन
चाह कर भी
तुझे न भूला पाया
तुझसे न रूठ पाया ॥

|| 119 ||

बेगम "एक ख्वाब"

बेगम ओ बेगम
मेरी प्यारी बेगम
तुझ बिन न लगता मेरा मन
तनहाई में निकले जाये मेरा दम,
बेगम ओ बेगम
ओ प्यारी बेगम,

तुझ बिन तन्हा थी मेरी ज़िंदगी
तुझ बिन हर पल था मेरा जीवन बेरंग,
तुझ बिन अकेला ही चला था सफर में
हर वक़्त एहसास न था तेरे संग का,

जबसे हुआ अपना मिलन
जबसे हुआ तुझसे संगम
तन्हाई में तराने बज उठे,
अंगड़ाई में तेरी हर साज़-ए-गुल रोशन हुए..

"ख्वाब" (अमन कोणार्क मोदी)

॥ अदायगी-ए-हुस्न ॥

|| 120 ||

गुत्थम-गुत्थी

मैं आज जन्नत की चाह में जश्न मानता हूँ
मैं आज जन्नत की पनाह में खुशी मनाता हूँ,
पर फिर भी न जाने क्यूँ
तन्हा हूँ मैं
इस जन्नत-ए-फिरदौश में,
सुकू नहीं है क्यूँ
खल रही कमी क्यूँ
किसी के संग की,
ए
जन्नत के मसीहा
तू ही बता
ये क्या गुत्थम-गुत्थी है
तेरे द्‌वार-दरवाज़े पे भी मैं खड़ा
मेरी रूह को
किस बात की हमदर्दी है...

|| 121 ||

सीखा

मेरे हुस्न
मुझे तू अपने से
नफरत करना सिखा,
जीना न सही
मरना तो सिखा,
तेरे से शिकवा कर सकूँ
वो बात तो बता,
तुझसे मोहब्बत करके भी
जो न पा सका तुझको
ए मेरे हुस्न-ए-खुदा
तू अपने दिल-ए-हमसफर का
राज़ तो बता ...

॥ 122 ॥

किस-किससे

ए हुस्न
तुझसे नफरत करने की कोशिश मैंने लाख–हज़ार की,
तेरे अक्स को भूल जाने की ख़्वाहिश बहुत की,
पर
ए हुस्न
तू बस इतना बता
ये मोहब्बत उफ़ हाय कैसी,

जिसे देखू
उसमें तेरी सूरत नज़र आए,
हाय मैं क्या करूँ
किस-किस से मैं गिले-शिकवे
किस–किस से मैं नफरत करूँ,
अब तो हर शख़्स में तू नज़र आए
अब तो हर चेहरे पे तू छाए,

अब तो हर मौसम तेरे केश के साए में,
अब तो हर दिन के उजाले तेरे नूर से,
अब तो हर रात की शबनम तेरे काजल से .....

|| 123 ||

मिटाना

इस गम-ए-मोहब्बत का
रोना किस किससे करूँ,
इस महफिल में तेरा
चर्चा किस-किससे करूँ,
हर शख़्स-ए-आदम
मोहब्बत को मसलीहत समझता है,
हर शख़्स-ए-हौवा
मोहब्बत को दंश समझती,
फिर तू ही बता
ए हुस्न
मैं तन्हा
सुकू कहां पाऊँ
किस राह सफर करूँ
कि तेरा गम भूला पाऊँ ...

॥ 124 ॥

झील–ए-भोपाल

आज की शबनम-ए-रात
बिता रहा हूँ झील किनारे,
जश्न मनाता हूँ
गम मिटाता हूँ
हर दिल की मुराद पूरी होती लगती है ....
पर फिर भी
न जाने क्यूँ
मायूस है दिल,
न जाने क्यूँ
तन्हा है दिल,
न जाने क्यूँ
इससे किस चेहरे की तलाश है,
न जाने क्यूँ
किसके साथ की आस है,

ए जन्नत-ए-झील-ओ-दरिया
तेरे किनारे पर
आ के जो हँसता था दिल खोल कर
न जाने फिर क्यूं
उस शख़्स का दिल
आँसुओ से सराबोर है...सराबोर है ....

॥ 125 ॥

सुकूं का रूठना

ए जन्नत
ए भोपाल
तेरे आँचल में आया मैं
सुकू पाने,
तेरे दर में आया मैं,
दर्द मिटाने
दर्द बाँटने,
आज क्यूं
तू मुझसे ख़फ़ा है,
आज क्यूँ
तू मुझसे बेवफा है,

क्या हुस्न से
मोहब्बत की कीमत ये होगी,
जो मेरा दोस्त-ए-हमदर्द था
जो मेरा दुश्मन-ए-निसा गैरत था,
वो मेरे अपने न रहे
वो मेरे पराए न रहे,
मोहब्बत की सजा
ऐसी होगी,
ये न सोचा था हमने...
ये न सोचा था हमने ...
ये
मेरे दोस्त
मेरे सुकूं
तू मुझसे न रूठ

तू मुझसे न मुकर,
तुझे दोस्ती की कसम
तेरे नाम
ऐ दोस्त मुझे
हर सजा मंजूर होगी
हर सज़ा मंजूर होगी...

॥ 126 ॥

क्यूं

क्यूं किसी का दिल तड़पता है
इश्क़ की आग में,
क्यूं किसी के आँसू भी न बहते
इश्क़ की बारिश में,
क्यूं किसी का दिल पत्थर होता
इश्क़ के गुलिस्ताँ में,
क्यूं किसी का चेहरा रूखा / कंठ सूखे
इश्क़ के दरिया में,
क्यूं बेबस है जुबा कुछ कहने को
इश्क़ की महफिल में,
क्यूं बेबस सी आँखे न नम होने को
क्यूं है ये मैकदे होंठ रस को तरसते हुये,
क्यूं है इंसान इतना बेबस इश्क़ में जलने को ...

॥ 127 ॥

फिजा-ए-झील

तनहाई मेरे साथ है आज
इस झील के किनारे पर,
आँख भी न झपकती है आज
इस झील के किनारे पर,

ज़िद्द है मेरे दिल की
तमन्ना है मेरे ख्वाबों की
निहारता ही रहूँ इस झील में
जलते हुए लौ जैसे टिम-टिमाते रोगन,
इस झील के
मध्य में बसे तकिया टापू की फिज़ाओ को,
इस झील में
बने बदलों के अक्स को,
इस झील में
उजले चाँद की परछाई को,
इस झील की
रात की खामोशी में
लहरों की गूँजते शांत कोलाहल को...

|| 128 ||

भोपाल शहर
(आब-ओ-हवा)

भोपाल
शहर है
सुकू है
जन्नत है
भोपाल की आब-ओ-हवा,
भोपाल की सड़कों की दास्तान
जो न दिन ढले ढलती है,
जो रात निकले सबा पे चढ़ती है,
कम न होती
फीकी न होती
इसके चाहनेवालो की दास्ताँ
इसके दीदार करनेवालों का समा...

॥ 129 ॥

रात के आगोश में
न सोता है ये शहर,
जहां हर मल्लिका-ए-हुस्न
रोशन करतीं हैं
अंधेरी गलियों को,
जहां हर परवाना-ए-आशिक
जलता है लौ-ए-शमा की मोहब्बत पर
आ-जा
ए हुस्न
तेरी चाँदनी से शहर गुलज़ार हो
बस एक मेरी ये भी तमन्ना है...

|| 130 ||

शुक्रिया–ए-भोपाल
तेरी हमसफ़रत का
तेरे भारत भवन की रंगीन फिज़ाओं का
तेरे झील के किनारे की ठंडी हवाओं का
तेरी शाम में अलविदा होते सूरज का,
तेरी रात में जलते चिरागों का,
तेरी सड़कों पर आशिक़ी के अंदाज़ का,
तेरे दिये गुलिस्ता का
तेरी मेहमान नवाज़ी का ...

|| 131 ||

अंतिम इच्छा

ए दुनियावालो
ए मेरे हमराहों
मेरी एक ख़्वाहिश है,
मेरी एक गुजारिश है,
मर जाऊँ मैं
मिट जाऊँ मैं
अगर हुस्न की अंगड़ाइयों पर,
तो
रुख़सत न करना जनाजे में,
दफन न करना कब्र में,
जलाना न लकड़ियों की चिता में,
बस
बस
रुखसत कर देना
भोपाल की झील में
भोपाल की झील में...

॥ 132 ॥

चाह

मुझे न शोहरत की चाह
न दौलत की चाह
न तन की चाह
न हवन की चाह
मुझे तो
तेरी मोहब्बत की चाह,

मेरी मोहब्बत को
तन की चाह कहते है
ये नादा दुनिया वाले,
मुझे तो तेरे मन की चाह
मुझे तो तेरे संग की चाह......

|| 133 ||

रात भर
सफर करते रहे
कारवां देखकर
सुबह के सूरज में भी
उनका दीदार न हुआ

|| 134 ||

हुस्न सामने आया
अपना अक्स हथेलियो में छुपाकर,
उसे क्या खबर
हम उनका दीदार
हथेलियो की मेहंदी से किया करते है ....

|| 135 ||

शिकवा

मुझे मौत से शिकवा
बस यही रहा
जश्न के दिन
हुस्न की विदाई के वक़्त
क्यूं तू मुझसे रूठ गई ॥

|| 136 ||

ठेकेदार

मस्जिद गिरे न मंदिर बने
मंदिर गिरे न मस्जिद बने,
इन धर्म के ठेकेदारों के फन में
न जाने किस–किस के घर गिरे,
न जाने किन-किन के लहू बहे,
न जाने कितने मासूमों के हृदय चीरे,
कहते है
बात करते है
चिराग रोशन की ये
न जाने कितनों के घर जले
न जाने कितनों के चिराग बुझे,
न जाने कितनों की आबरू चुगे (लूटे)

न मंदिर बने, न मस्जिद बने
न दिये जले , न अज़ान लगे,
इन पागलो की तकरार में
न जाने कितने इनसा दफन हुए
न जाने कितने अरमा गुल (गुम) हुए
न जाने कितने आँसू बहे
न जाने कितने अश्क बहे
मस्जिद गिरे न मंदिर बने
मंदिर गिरे न मस्जिद बने,
इन धर्म के ठेकेदारों के फन में
न जाने किस–किस के घर गिरे...

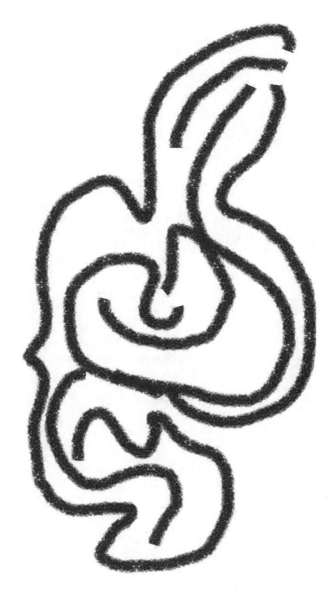

"The Curves" / **"द कर्वस"**

(अमन कोणार्क मोदी)

॥ आपकी अभिव्यक्ति ॥

॥ 137 ॥

हसरत

न तू हिन्दू कह दे
न तू मुसलमां कह दे
तू मुझे काफ़िर कह दे,
तमन्ना है बस इतनी
अरमां है बस इतना
कोई तो
कहीं तो
शायद
मुझे हिन्द का सैनिक कह दे ...
आरज़ू-ए-मन है इतनी
कोई तो दोस्त कह दे
हसरत बस है इतनी
कोई तो इंसा कह दे ....

|| 138 ||
मनचले

काश समंदर से मोहब्बत न की होती
मनचलो ने यूं मझधार में कश्ती न डुबोई होती ...

मेरे हुस्न मेरी इबादत

॥ 139 ॥

बेसबरी से इंतज़ार करता रहा
उस आशिक का ,
जो मुझसे प्यार करे
कुछ तो जां निसार करे,
उतना न सही
पर
थोड़ा तो इकरार करे
आज जो मिला वो बड़ी मुद्दतों की बाद
खौफ है कि खता न हो जाए
खौफ है कि रुसवा न हो जाए

|| 140 ||

आशिक का इंतज़ार कर-कर
उम्र बीत गई
न मिला कोई
जो हम पर फना हो जाए ....

|| 141 ||

मोहब्बत न हो

क्या ये भी ज़िंदगी हो
कि राहत कभी न हो,
ऐ मेरी ज़िंदगी
ऐसी मोहब्बत न हो,
रात में
हर सांस में,
उस ज़िंदगी का
ख़्याल न हो

|| 142 ||

मेरी जान - मेरे खुदा हो तुम

ए हुस्न तुझे भूल जाना मुमकिन नहीं
तेरी याद मिटाना मुमकिन नहीं,
बसी हो
हर सांस में तुम,
मेरे ख्वाब के उजाले तुम,
रात की तन्हाई के सितारे तुम
इस रूह के प्यारे तुम,
जीवन के नवरंग तुम
ज़िंदगानी के इंद्रधनुष तुम,

मेरे मन के प्रीत तुम
मेरी चाह के गीत तुम,
मेरे अभिमान का तिलक तुम
मेरे उपवन का कंवल तुम,
मेरी ह्रदय की गति तुम
मेरी जीवन की ज्योति तुम,

मेरे अक्स का आईना हो तुम
मेरे मस्तिष्क का फ़ितूर हो तुम,
मेरी आत्मा का मोक्ष हो तुम
मेरी चंचलता का विनम्र हो तुम,
मेरी बेसब्री का धैर्य हो तुम
मेरी राह के साथी हो तुम,
मेरी ज़िंदगी के पथिक हो तुम
मेरी ज़िंदगानी के हमसफर हो तुम,

ए हुस्न

मेरे तन पे उकेरी तस्वीर तुम
मेरे मन के कागज पर लिखी इबादत तुम,
मेरा सुकूं तुम
मेरा चैन तुम,
मेरी रूह का आशियाना तुम

मेरा मंदिर भी तुम
मंदिर की आरती में तुम,
मेरा मस्जिद भी तुम
मस्जिद की अज़ान में तुम,
घर की हर ईट में तुम
बहते पवन की ठंडक तुम
उगते सूरज की लाली तुम
शरद की मीठी नमी हो तुम
बसंत में महकते फूल हो तुम,

मेरे हर कर्तव्य का पालन हो तुम
मेरी हर मेहनत का अनाज़ हो तुम,
मेरी हर अदा का अंदाज़ हो तुम
मेरी पुकार की करुणा हो तुम,
मेरी प्यास की तृप्ति हो तुम
मेरा सुख तुम
मेरा दुख तुम,
इस जहान में
मेरी भटकती रूह का सहारा तुम
मेरे चेहरे का नूर हो तुम
मेरी सृष्टि का पर्यावरण हो तुम,
न जाने क्या-क्या हो तुम...

गीत का संगीत हो तुम
वक़्त का इंतज़ार हो तुम,

चिड़िया की चह-चहाहट हो तुम
आंखो की रोशनी तुम
दीपक की लौ का उजाला तुम,

मेरी आत्मा के सौदागर हो तुम
मेरी जान के खुदा हो तुम
मेरी जान के खुदा हो तुम....

॥ 143 ॥

सरोवर

मैं किनारे खड़ा देख रहा था
दरिया-ए-मोहब्बत को
मझधार की नाव को
पथिक को
पतवार को,
राही को
हमराही को
बस यकी यह हुआ
कभी
न छलांग लगाऊँ
न सफर करूँ
इस दरिया में

पर हाय रे
ज़िंदगी
किनारे खड़े–खड़े
किनारे देख-देख
कुछ इस तरह फिसला हूँ
कुछ इस तरह गिरा हूँ
इस दरिया में,
कि
न डूब सकता हूं
न तैर सकता हूं,
न पार कर सकता हूं
न मझधार में बह सकता हूं,

न प्यासा रह सकता
न प्यास बुझा सकता
इस मीठे दरिया में,
न नहा सकता
न सूख सकता
मोहब्बत के सरोवर में,
न पहुँच सकता
न पकड़ सकता
प्यार के किनारे को,

जानता हूं
मानता हूं
दरिया सागर से मिल
सागर हो जाएगा,
इसका मीठा जल
नमकीन सा हो जाएगी,
इसकी मचलती लहरे
शांत से हो जाएंगी,
किनारा तो दूर
हमसफर भी खो जाएगा
हमनवा भी खो जाएगा...

बस यही सोच
इस ख़्वाब के दरिया में
बीच मिले पत्थर-पेड़ पे बैठा हूँ,
पाँवों को
इस दरिया में डूबो
बस ख्यालों में
लुफ्त लेता हूँ ....
लुफ्त लेता हूँ ....

(अमन कोणार्क मोदी)

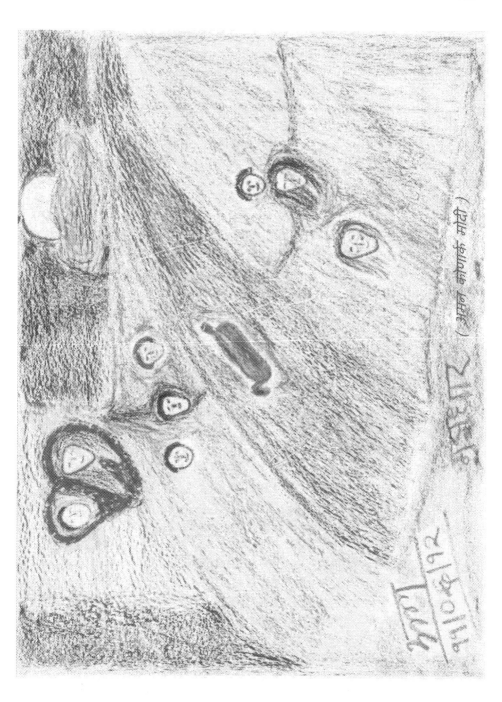

॥ अभिव्यक्ति-ए-हुस्न ॥

॥ 144 ॥

मकसद मंज़िल मोहब्बत में
मालूम महज़बी में मर मिट
मंज़र मझधार में
मद मस्त मन मज़ार मिले माना ॥

|| 145 ||

हर सांस में खुदा
मौत की इबादत कर रहा हूँ तुझसे
हर सांस में तू
हुस्न की याद
हुस्न की महक
हुस्न की ताज़गी दिला
ज़िंदगी बख़्शता रहा,
तू इतना बेवफा होगा
ये सोचा न था...

|| 146 ||

तेरी हर हंसी के बाद
तेरा होंठों को यूं दाँतों से दबा शरमाना
क्या कम कत्ल ढा रखा था
तेरे हुस्न की चमक से
अब इस शरमाती तस्वीर से
बच पाना मेरे बस में नहीं.....

|| 147 ||

तू और कुदरत

तेरे चेहरे पर
सूर्य की किरणों सी चमक
मानो यह कह रही हो
कि तेरा दिन ये ही है,

तेरे जूड़ों (बालों) की
काली घटा से केशू
मानो यह कह रही हो
कि तेरा सावन ये है,

तेरे गालो की
लाली का रंग साँझ सा
मानो यह कह रहा हो
कि तेरी शाम की रंगत ये है,

तेरे आंखो के
काले नयन सफ़ेद चाँद की तश्तरी से
मानो यह कर रहे हो
कि तेरी रात का आसमां ये है,

तेरे होंठो की
गुलाब सी पंखुड़िया
मानो यह कह रहे हो
कि तेरे मन का उपवन ये है,

तेरी बलखाती
मस्तानी हिरणी सी चाल
मानो यह कह रही हो

कि तेरे नदी के किनारे ये है,

तेरे आंखो के
काजल में सजे सपने
मानो यह कह रहे हो
कि तेरी दुनिया के नज़ारे ये है,

तेरे माथे पे
सजी तेरी बिंदी
मानो यह कह रही हो
कि तेरे भोर का सूर्योदय ये है,

तेरे पावों में
सजी पायल छन-छनाती
मानो यह कह रही हो ,
कि तेरे जीवन का संगीत ये है,

बस
ये हुस्न ही है
तेरे जीवन का रसरंग
तेरा दिलबर
तेरा हमसफर....

|| 148 ||

ये सूरज की धूप ओढ़
हुस्न,
ये चाँद की चाँदनी समेटे
हुस्न,
ज़रा तो रहम कर
ज़रा तो बख्श,
जिस रूह को आज़ाद किया मैंने
अपने जिस्म से,
तेरे जलवे देख सखी
रूह ने जिस्म में कैद रह
जन्नत पाई
मोक्ष पाया ....

|| 149 ||

आज़ाद

ऐ खुदा
आज़ाद कर
मेरी रूह को
मेरे जिस्म से,
बहुत हुआ
बहुत देखा
दुनिया का ये खेल तमाशा,

ऐ खुदा
क्यूं तू मुझसे रुठा
क्यूं तू मुझसे खफ़ा,
कोई खिदमत हो
तो बता,
कोई पैरवी हो
तो बता,
तेरा हर हुक्म
तेरा हर कहना
कबूल मुझे,

बस
आज़ाद कर
आज़ाद कर
जिस्म की तड़प से
जिस्म में बंदी पड़ी
मेरी साँसो को
मेरी रूह को,

ऐ खुदा
बस इतनी सी
बस आखिरी सी
तुझसे दुआ मेरी,

सुना है
आखिरी वक्त में
तो
रुठा हुस्न
रूठा सनम
दुश्मन दोस्त
दोस्त दुशमन
सारे गुनाह माफ किया करते है
तू भी उनमें से एक था
जिसके दर पर न आया कभी
और
आज तेरे दर पर
पाव बढ़ाए
हाथ फैलाए
कमर झुकाये
बस आखिरी
ख्वाहिश लिए हूं
कबूल कर
कबूल कर....

॥ 150 ॥

खुदा की ख्वाहिशे

मेरे खुदा
मेरी रूह को आज़ादी दे
इस दुनिया के धंधो से,
बंदी बने
इस शरीर से
अस्थि पिंजर से,
इस सुख के संसार से
इन दुख के आँसुओ से,
उस हुस्न की यादों के सैलाब से,

बदले में कुछ वादा ले ले
बदले में कुछ ख़्वाहिश है
तो ज़ाहिर कर दे,
बदले में कोई तेरी तमन्ना
तो बयान कर दे,
बस आज़ाद कर दे
बस मुझ पंछी को
पिंजरे से मोक्ष दे दे,

ऐ बंदे मेरे
ऐ बंदे मेरे
तुझसे गुजारिश है
मेरी बस इतनी,
जब तू आए
मोक्ष मंजिल के दरवाजे पे
खड़ा हो मुझसे माँगे
मुआवजे के हिसाब को,

तब मैं न चाहता
तेरे दामन पर दाग हो तंगी के,
बाँट आना
सारा सुख संसार
सुरीले सरस सपने,
माँग आना
करुण स्वर क्षमा,
बस
ऐ बंदे
खुदा की
ख़्वाहिश है इतनी
ख़्वाहिश है इतनी.........

|| 151 ||

आड़ी-टेढ़ी लकीरें

कोशिश करते करते ज़िंदगी बीती
रात–दिन और नज़ारे बीते,
इतिहास के सारे रंग
आपस में मिले
क्या भविष्य-भूत-वर्तमान
सारे पिघले
इत्यादि यद्यपि था,

कुछ रंग अपने में रहते
या
सबको अपने सा बनाते,
पर
फिर भी इतिहास इन रंगो को श्रेष्ठ की
उपाधि देने से नहीं चुकता
या कोई इतिहास न बदल दे,
इस पर भी विचार करने योग्य है
पर इतिहास की लकीरें और
उसके हस्ताक्षर नहीं मिटते
सिर्फ मिटते है....

पर आने वाले भविष्य को
वर्तमान में इस कदर सँजोए
कि वह इतिहास की अमिट लकीरों पर
रंग भर उनमें ज़िंदगी छिड़क दे ...

॥ जन्म-ए-रचना ॥

इन रास्तों से एक-एक कर गुज़र, होती है तैयार "एक रचना"

१. कल्पना
२. प्रेरणा
३. निर्माण
४. रहस्योद्घाटन
५. परीक्षण करना
६. जमा करना
७. चिंतन
८. अस्वीकृति का सामना
९. प्रतिक्रिया
१०. पछतावे की भावना
११. दोबारा हासिल करना
१२. फिर नई शुरुआत

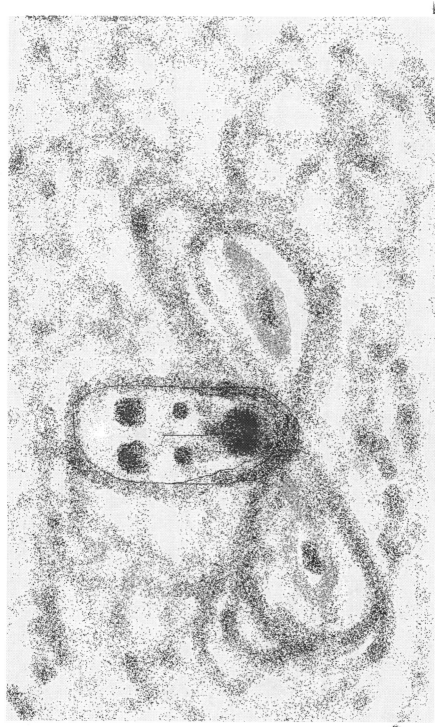

"सुशोभिनीय" (अमन कोणार्क मोदी)

॥ दुआ-ए-कलम ॥

मेरे हुस्न मेरी इबादत

।। 152 ।।

उसकी आँख में
मेरे सपनों का घर दिखा,
उसकी हर पलक की लपक में
मेरे दिल की दस्तक का इंतज़ार दिखा,
बस
मैं ही कमबख्त
मैं ही कमजोर
मैं ही कर्ज़दार
काजल के इश्क़ का
दिल की मोहब्बत का,
इज़हार
न कर सका
न लफ़्जो में
न नगमो में
न ही निगाहो में
बस
दुखड़ा लिखता रहा
कागज में
आड़े-टेड़ी रेखाओ में,
इन रेखाओ में ही
अपना दिल का दर्द
बयां करता रहा,

कुछ ने पागल समझा
कुछ ने कलाकार समझा
कुछ ने वेबफा भी कह डाला
पर

मेरे महबूब
मेरी मज़बूत मज़बूरी की कड़ी
तू भी न देख पाया
बस यही मलाल रहा
बस यही मलाल रहा.....

॥ 153 ॥

ए मौला
हर साँस मन्नत–ए-मौत करता,
तू
हर साँस जन्नत-ए-ज़िन्दगी इनायत करता,
मुझ पर इतना जुल्म-ओ-सितम क्यूं
मुझ पर इतनी बेरुखी बख्शी क्यूं,
कुछ पैगाम तो दे
कुछ आवाज़ तो दे....

|| 154 ||

आँसू

इतने आँसू बह चले
उस वफा के
मिलने के
जश्न में,
कि आज
उस वफा की
बेवफाई पर
बेरुखी पर
गम तो खूब हुआ ए-दिल
पर
इक-इक कतरा आँसू न बचा
बहाने को
दिखलाने को,
सिर्फ सूखे आँसू ही रह गए
आंखो के किनारों पे...

|| 155 ||

हुस्न का फन

ए हुस्न
तू अपने फन से अंजान है,
जो तूने दिया मुझे
उस ज्ञान से अंजान है,
तू उस तोहफे से बेखबर सी दिखती,
जिस इनायत को तूने
मुझे बख्शा
मुझ पर न्योछावर किया
मोहब्बत की छांव
इश्क़ की मिठास
दीवाने की मंज़िल
आशिक़ी का आगाज़,
शायर की कलम
शायरी की नज़्म-ए-नमाज़

|| 156 ||

तेरी इनायतें

तुझे क्या दूँ
तुझसे क्या लूँ
तुझसे क्या मांगू,
जो तूने दिया
बेपनाह–बेबजह-बेहिसाब दिया
अमिट–अनमोल–अमूल्य दिया,
तुझसे लेने की क्या
तुझे देने की क्या
जुर्रत करूँ मैं,
जो तूने दिया वो मोहब्बत थी
मैं कमबख्त
उसे दर्द समझ बैठ
बैठ रोता रहा ...

|| 157 ||

किसका हुआ मैं

न तेरा हो सका (हुआ)
न उसका हो सका (हुआ),
न कुदरत का हुआ
न खुदा का हुआ,
यहाँ तक
यहाँ तक
न मेरा ही रहा,
ये
न जाने किसका हुआ,
एक दिल था
न जाने कहाँ खो गया,
एक रूह थी
न जाने कहाँ गुम हो गयी,
बस
हाड़मास का शरीर ही रह गया,
जो चुस्त तो था
पर
सुकूं में न था,
जो खुश तो था
पर
जुनू न था ...

|| 158 ||

मंदिरों में राम-राम भजा
मस्जिदों में अजान दिया
सुकू न मिला,
गुरुद्वारे में वाणी पढ़ा
गिरजा में घंटे बजाए
सुकूं न मिला,
ए
हुस्न -ए- कयामत
तेरी बस इबादत में
जन्नत-ए-सुकू नसीब हुआ ...

॥ 159 ॥

शर्मिन्दगी

तड़प रही
मेरी रूह इस शरीर से
जुदा होने वास्ते,
बस
अब और नहीं
इंसान बन रहना,
खता हुई मुझसे
कुदरत
पेड़ बना अच्छा था,
काटा जाता
किसी का पेट भरने,
न
इंसा की तरह
किसी का पेट काट
पेट भरता,

खुश था
अपनी डालो में
चिड़ियों के घोसलों को आसरा दे
चिड़ियों के घरोंदे उठाए,
न
इंसा की तरह
किसी के घरोंदे उजाड़
अपने महल बनवाता,

खुश था
अपनी छांव तले

किसी थके
किसी भीगे को पनाह दे,
न
इंसा की तरह
किसी और के पसीने से
अपनी थकान मिटाता,

खुश था
एक जगह खड़े हुए
कई मौसम रंग गुजरते देख
कई मौसम संग बदलते देख,
न
इंसा की तरह
चलते फिरते
मौसमों का लुफ्त उठाते
पर फिर भी
अकर्मठ होने की आस न छोडते,
अपने फायदे हिसाब
मौसम को भला-बुरा कहते,

खुश था
छाल में लिपटा,
न
इंसा की तरह
खुद को जो न बदल सके
तो किसी
बेजुबा की खाल खीचवाकर
भ्रूण से रेशम बनाकर
अपने पे धारणकर
रौब जमाते है ...

ए कुदरत
मुझसे भूल हुई
जो तुझसे
लड़–झगड़ इंसान बना
प्रेम प्रसंग पाने,
अब शर्मिंदा हूं
अब शर्मिंदगी से कहता हूं
मुझे वापस
अपनी जगह भेज दे ....
अपनी जगह भेज दे ...

॥ 160 ॥

पेड़

मैं पेड़ बना अच्छा था,
मैं अपने गुण से पहचाना जाता
न मेरा कोई वर्ण था
न मेरा कोई वर्ग था
बस पेड़
बस पौधा
वो भी इंसानों द्वारा ही कहलाया जाता,

जब से इंसान बना हूं
तड़प रहा हूं
छटपटा रहा हूं
मोक्ष के लिए,

इस इंसान की दुनिया में
मोहब्बत-मोहब्बत
हर शख्स चिल्लाता है,
पर इंसा-इंसा को
वर्ग-उपवर्ग
वर्ण-उपवर्ण
न जाने
क्या-क्या
किस-किस
में बाँट डालता है,
और
प्रेम-इश्क़-मोहब्बत
अमन-अमन

शांति-शांति
फ़िज़ूल ही अलापता
फिज़ूल ही जपता ॥

161

हुस्न की हंसी

ए हुस्न
मुझे खुशी है
तेरी बेरुखी खत्म हुई
तेरी हँसी फिर जवाँ हुई,
तुझे
फिर से दोस्त बना
सुकू है
तू मेरा हमसफर-ए-ज़िंदगी न सही
तू मेरा दोस्त-ए-हमनवा ही सही,
मेरी ज़िंदगी में
मेरे साथ
कुछ पल ही सही
गुन–गुनाता चल,
निभाता चल
खुशी के गीत–गाता चल,
मैं फिर खुश हूं
मैं फिर जी रहा हूं,
बस दुआ इतनी
तू दोस्त ही सही
मेरी ज़िंदगी में यूँ ही
मुस्कुराता चल
हँसता चल,
खुशी से
आँख छलकाता चल
पीर के
नीर झलकाता चल ...

मेरे हुस्न मेरी इबादत

|| 162 ||

हर शख्श में तेरा अक्स

बीच बाज़ार बैठ
हर गुजरते
शख्श को देखा,
ऐ हुस्न
हर शख्श में
तेरा अक्स देखा,
अब
इतनी भी क्या
मोहब्बत तुझसे,
तेरे दीदार बिन
तेरे चर्चे बिन
अपने आपको
बिखरते देखा,
अपनी आंखो को
तरसते देखा,
अपनी साँसो को
उखड़ते देखा,
अपनी रूह को
तड़पते देखा
मचलते देखा,

|| 163 ||

तेरे निशा के निशां

चंद लफ़्जो में
शब्दो में क्या क्या बयां करूँ
तेरी निशा के अफसानो के निशां,
हर करवट में
लहरे उमड़-उमड़ छू रही दिल को,
हर निगाह में
जुनून के बादल छा रहे,
हर लम्हा खामोश,

न जाने क्यूं
सन्नाटे को चीरता हुआ
अनकही-बेजुबा लफ़्ज़ो में
तेरे मेरे दरमिया
कुछ दिल की बात कहता
न जाने कौन सी किताब गढ़ता,

होंठ (अधर)
तड़प रहे है क्यूँ
मधु-रस में सराबोर होने को,
गेसू
लहराते क्यूं
हथेलियो में छू जाने को,
हर दबी
सिसकियाँ
न जाने क्यूं आतुर
मीठे अफसाने गुन-गुनाने को,

अब और क्या बयां करूँ
निशा के अफसाने के निशां
निशा के अफसानो के निशां...

|| 164 ||

मैंने तारीफ की तेरी
दोस्त समझकर
तू मुझे
अब तक आशिक समझती रही....

|| 165 ||

इस आग के सामने रु-ब-रु
कैसे तेरी आग का जिक्र करूँ,
अपनी आग बुझाने
कैसे दुनिया को आग के रु-ब-रु करूँ ॥

मेरे हुस्न मेरी इबादत

|| 166 ||

मेरा नाम
तेरा पीछा नहीं छोड़ता
ऐ हुस्न
अब नाराजगी की
इसमें क्या बात,
अब इस गुस्ताखी में
मेरा क्या हाथ,
जो मेरा नाम
तेरा हुआ
मैं न सही
मेरा नाम तुझपर
फिदा हुआ .....

॥ 167 ॥

लकड़ी-लड़की

आग में आग की तरह
जल रही लड़की (लकड़ी),
आग में जलती
लकड़ी की तरह
जल रही लड़की (लकड़ी),
दुनिया को रोशन कर
लकड़ी की तरह
राख़ हो रही लड़की (लकड़ी),
लोगों के कंप-कंपे
बदन को गरमा
खुद जल
मिट रही लड़की (लकड़ी),
दुनिया की कालिमा मिटा
खुद कालिख ले
बुझ सी रही लड़की (लकड़ी),
राख़ बन चैन न हुआ उसे
राख़ बन चैन न हुआ उसे
जाते-जाते
दुनिया की जूठन को
पवित्र कर
गंगा में बह चली लड़की (लकड़ी),
बन के पानी का अंश
बंजर धरा पर भी
लहराती सी फसल
अपनी से मुस्कुराती उपवन
दे चली लड़की (लकड़ी),

दुनिया का सृजन करने
अपनी सी दुआ
दे चली लड़की (लकड़ी)....

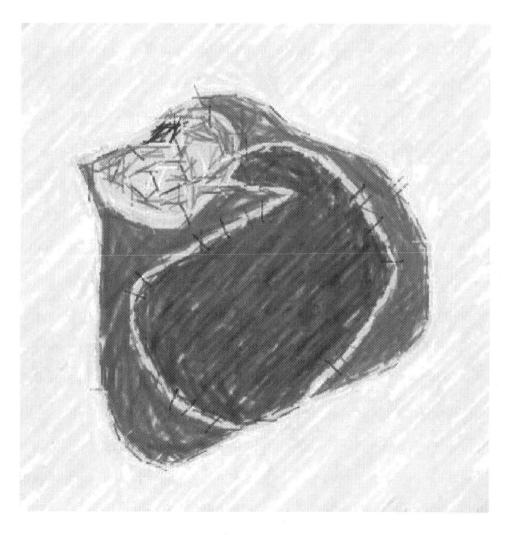

"कोख" / "Womb" / "अल्न्सिओ"

(अमन कोणार्क मोदी)

|| अदायगी–ए-हुस्न ||

मेरे हुस्न मेरी इबादत

|| 168 ||

ए फकीर
ज़रा थम कर मोहब्बत कर
तुझसे मोहब्बत करने वाले
हज़ार हैं
तुझसे मुखबिरी करने वाले
हज़ार हैं...

तुझसे मोहब्बत कर
मुखबिरी करने वाले
हज़ार हैं....

॥ 169 ॥

बेसब्र बांध

मैंने
किस तरह
अपने बेसब्र जज़्बात
सब्र–ए-पल पे बांधे
कैसे बतलाऊ तुझे,

मैंने
किस तरह
अपने बेसब्र तड़पते
बेबाक अल्फ़ाज़
सब्र-ए-रूह में बांधे
कैसे बतलाऊ तुझे,

मैंने
किस तरह
अपने दिल-ए-मोहब्बत,
तेरे लिए
तेरी ख़ातिर
अंगार-ए-फितूर
दुबा-के (दबा) रखे
कैसे बतलाऊ तुझे,

मैं
किस तरह
अपने बेवक़्त जनाज़े को
हर वक़्त
टालता रहा कल के लिए,

तुझसे
आरज़ू-ए-मोहब्बत बयां
के लिए
कैसे बतलाऊ तुझे,

मैंने
किस तरह
अपनी बेइंतिहा फितूर-ए-मोहब्बत
सिर्फ तेरे ही लिए
किस तरह
आंधियों में
तूफान के थपेड़ो में
जलती शीतल ज्योत
की तरह
जला का रखी
कैसे बतलाऊ तुझे,

मुझे नींद
नहीं आती रातभर
तेरे ख़्वाब लिए,
जीता हूँ रात भर
कैसे बतलाऊ तुझे,

रात रात भर जागता रहता हूँ
तेरे ख्बाव में
तेरे सपने संजोये
मुझे नीद भी नहीं आती
कैसे बतलाऊ तुझे

तेरे इश्क़ में
तेरे इश्क़ में

॥ 170 ॥

कितनी मोहब्बत करता हूँ तुझे
ये दिमाग से पूछा
पता न चला,
ये दिल से अर्ज़ किया
जबाब न मिला,
ये राह से जानना चाहा
चाह खत्म न हुई,
ये आत्मा से पुकार की
आवाज़ न मिली,
आंखो से ढूँढता रहा
आशिया न मिला,
कितनी मोहब्बत करता हूँ तुझे
ये सवाल-सवाल ही रहा
ये जबाव–शीतल ही रहा ॥

॥ 171 ॥

बरखा

आसमान से
गिरती बूंदे
सूखी जमी पे यूं,
जैसे प्यासे मन में
ख्याल-ए-आरज़ू
प्रियतम से मिलन की,

भीगी सी
सोंधी सी
खुशबू मिट्टी की
मदमस्त करती मन को ,

प्रियतम के
भीगे केश
चन्दन सा महकता बदन
मृग से नयन
मदमस्त करते मेरे जीवन को,

पेड़ो में जमी धूल
तरुवर से लिपटी सूखी लताएँ,
शाखों से झूलते
सूखे-खनकते पत्ते,
बारिश की बूंदों के आगाज़ में
तेरे छुपे सौंदर्य के राज़ में
पेड़ों का हरित स्वरूप,

तरुवर को लताओ की साज़

शाखों को चमकती कोपल
वरदान दे
प्रकृति को नौनिहाल कर चलती,
मदमस्त करती यूं
प्रकृति के यौवन को दे चलती
बारिश ली बूंदे ...

|| 172 ||

ऐसे लोग हो चले
इस जहां में,
अपना दुखड़ा किसको बतलाऊ
अपना दुखड़ा किसको सुनाऊँ,

|| 173 ||

बता मुझे
फकीर मदमस्त
समझा मुझे
काफिर ज़बरदस्त,
कब
हिजर-ए-चमन
फकीर हुआ
कब
हिजर-ए-अमन
काफिर हुआ....

।। 174 ।।

हिजर-ए-चमन में
मैं तेरा हुआ
तू मेरा हुआ,
ये ज़मीन में
न मंजूर हुआ,
फिरदौस में
कत्ल-ए-दिल हुआ,

अश्क बह रहे
"अमन"
तेरे चमन में
जो तेरे थे
न तेरे रहे,
जो मेरे थे
न मेरे रहे....

|| 175 ||

जहाँ में
भीड़ के बीच बैठा हूँ
जहाँ में
भीड़ के बीच बैठा हूँ
न जाने
क्यूँ फिर भी अकेला
रहता हूँ,
न जाने
क्यूँ फिर भी तन्हा
महसूस
कर रहा हूँ,

एक आस जो है
एक लौ की तरह
मेरे मन में
तेरी ख़ातिर
बस
उस हवन में (लकड़ी की तरह)
जल
राख़ हो रहा हूँ
बर्बाद हो रहा हूँ,

धुआं जो उठता
ये सखी
आँख लाल हो उठी
जहान भर की,

कोशिश बहुत होती

जहान की
दवा (घी)-ए-तसल्ली देने की,
फिर भी
कालिख बन
आसमां में
बिखर बह रहा हूँ ,

तमन्ना न मेरी
जहान की फिजा को
बर्बाद करूँ,

ये ख़्वाहिश लिए
तरु में (सोख)
जीवन दे रहा हूँ...
जीवन दे रहा हूँ...

|| 176 ||

काफ़िर से न पूछ
हुस्न का पता
आशिक ही जाने / उससे ही पूछ
उसका ठौर-ठिकां / जो आशिक बन बैठा ॥

|| 177 ||

धरा में पैर रखा
जहाँ
कहीं धूल में सना,
आज
बाज़ार में था
पर शोर न था ...

|| 177 अ ||

बरखा बरस रही है
यूं
प्यारी-प्यारी,
तू मेरे दिल में आ जा
ऐ शी
न्यारी-न्यारी
धीरे-धीरे
सीरे-सीरे ॥

॥ 178 ॥

उसका आडम्बर

मैंने इज़हार किया
मैं इकरार किया
मैंने दिल का करार किया
मैंने जज़्बातों का नज़ारा पेश किया,

वो हुस्न कहती
ए मेरे आशिक
ए मेरे दीवाने
तुझसे मैं क्या बयां करूँ
तुझसे मैं क्या इक़बाल करूँ,
मेरा अतीत
मेरा आडम्बर
मुझे जीने नहीं देता
मुझे महसूस भी न होने देता,

आगे की ज़िंदगी में
क्या मोहब्बत मैं करूँ
क्या तुझ पे ऐतबार करूँ,
ए
मेरे परवाने पतंगे
मैं तेरा दिल
अपने पास कैसे रखूँ,
कैसे इंकार करूँ
कैसे इसे बर्बाद करूँ,

तेरी किस्मत में
मुझसे

कई अच्छे
कई हसीं
सितारे है,
मुझसे
लख गुने अच्छे
फसाने है,
तेरी दोस्ती पर
मुझे ऐतबार,
तेरी आबरू पर
मैं निसार,

आशिक क्या कहे
दीवाना क्या सहे,
हुस्न से मोहब्बत इतनी
हुक्म मान उसका
जी रख उसका
जी ज़िन्दगी
जी ज़िन्दगी ......

॥ 179 ॥

दीवाने की आजमाईश

दीवाना कहता
ऐ हसीं
सिर्फ मोहब्बत की है तुझसे
ज़िन्दगी जी तेरे लिए,

हर वक़्त
ख़्याल में तू
आवाज़ में तू
होश में तू,
आंखो में
हर वक़्त
बसी तू,
साँसो की
हर लय में तू,
धूप की गर्मी में
छाव का एहसास तू,
ठंड की सर्द की
कंपकंपी का साथ तू,

तेरे लिए
इंतज़ार करूंगा,
तेरे दरवाज़े पे
दस्तक का
इंतज़ार करूंगा,

शायद
ये ज़िन्दगी

शायद
कई ज़िन्दगी
कम पड़ जाए
पर इंतज़ार करूंगा,
चौखट पर खड़ा
साँझ-सवेरे
तेरे दीदार का
इंतज़ार करूंगा,

मैं तेरी
अतीत की साँझ का
नई सुबह की लौ का
इंतज़ार करूँगा,
तेरी रेशमी कीट सी रात
कटने का
इंतज़ार करूँगा,
तेरे
तितलियों की तरह
फूलों के पराग पे
बैठने का
इंतज़ार करूंगा,

मैंने मोहब्बत की
तुझसे
हर वक़्त-हर जन्म
कई पल-कई जन्म
तुझमें
मेरी मोहब्बत की लौ जलने का
इंतज़ार करूँगा,

तू हर वक़्त

290

तू हर जन्म
कोशिश भी न कर
मुझसे इकरार भी न कर
फिर भी मैं तेरा
इंतज़ार करूँगा,

तू लब्बो से
आसमा में बसे बादलो
की छांव में खड़े कहे
आगे बढ़आगे चल
लौ किसी और की जला,
लौ मुझसी जले
न हो सकेगा
मुझसे फिर से,
आगे बढ़
मेरे दीवाने
मेरे परवाने,

पर
मेरे हुस्न
मैं
तेरा हुक्म मान,
तामील कर
आगे बढ़ूँगा,
तेरी मोहब्बत की
लौ-ए-मशाल लिए
हर पल
हर सांस
तेरा इंतज़ार करूँगा,

सदियों-सदियों

तेरा
बस तेरा
इंतज़ार करूँगा..
बस तेरा ही
इंतज़ार करूँगा...

लौ न सही
साँसो की गर्माहट सही
तेरे तब्बसुम को सही
छू ले,
उतना ही सही
इंतज़ार करूँगा,
तेरा इंतज़ार करूँगा

जन्नत-जहनुम
जहाँ भी होंगा
तेरा
बस
तेरा इंतज़ार ही-इंतज़ार करूँगा....

|| 180 ||

कांटे

तू कहती
तेरे दामन पे
कांटे हज़ार है,
तेरी परछाइयों में
सन्नाटे हज़ार हैं,
तेरी आंखो के किनारे
काले अंधेरे हज़ार हैं,
तेरी सूरत पे
अतीत के निशां हज़ार हैं,
तू कहती
तेरे लबो पे
चुभन हज़ार हैं,
तेरे केशो पे
गहरी खाई हज़ार हैं,

ए मेरे दीदार-ए-दीवान
य मेरे दोस्त-ए-नवा
मत आ
मत छू
मुझे,
मुझ पे कोढ़ों से
दाग हज़ार पड़े हैं,

हुस्न
अपने दीवाने का
आगाज़ तो सुनती जा,
अपने परवाने का

आलाप तो सुनती जा,
चाहे
जहां भर के अंधेरे हो
ए सनम
तुझमें,
ये तेरा
गुलाब-ए-आशिक़ी,
ये तेरा
शराब-ए-शबाब,
ये तेरा
जनाब-ए-बहार,
बस
मेरी आंखो में दिखता
मेरी साँसो में बसता,
तेरे संग
तेरे बिन
तेरी ही इबादत कर
तेरी ही खुशामद कर
बिता दूँगा
हर पल
हल जन्म
हज़ार सदियाँ
हज़ार कर्म
हज़ार भ्रम.....

" गम-ए-हुस्न "
(अमन कोणार्क मोदी)

मेरे हुस्न मेरी इबादत

॥ अभिव्यक्ति-ए-हुस्न ॥

मेरे हुस्न मेरी इबादत

|| 181 ||

सवारुंगा

हुस्न
तेरे अतीत के दामन पे
चूभे है काँटे
उन्हे
एक-एक चुन
गुलाब की पंखड़ियों से
रसूँगा मैं,

तेरे क़दमों तले
बिछे है काँटे
पथ पर,
उन्हे
अपनी हथेलियाँ रख
सहूँगा मैं,

तेरे तन पे
जो तपिश है बिसरी,
लिपटा तुझे
अपने तन से
हर लूँगा मैं,

तेरी जुल्फों को
बिखेरे जो
याद के थपेड़े,
उन्हे
हथेलियो की उँगलियो से
सवारूंगा मैं,

|| 182 ||

करिश्मा

यूं उसे
जो सामने बैठा पाया,
न जाने कुदरत ने क्या
करिश्मा ज़मीन पे लाया,
उस कुदरत के
खजाने में
इस शाम का ठहरना फ़साना था,
वो बीते पलो को
याद करना
फ़साना था.....

|| 183 ||

खुदा ने उसे
यूं बनाया क्यूं,
हमारे हृदय में
यूं तूफान उठाया क्यूं,

|| 184 ||

यूं न जुल्फों के
साए में
मुसकुराया करो,
दिन में काली
घटा सी बरखा
यूं न बरसाया करो,

|| 185 ||

यूं तो शमा है
दुनिया में
कई अजूबों की,
न जाने
न जाने
इस हुस्न पे
मैं इतना क्यूं
दीवाना हुआ....

|| 186 ||

दिलो–दिमाग के जंगलों में
लताए उलझी पड़ी है,
हर लताओं में
फूल उसी के
नाम और रंग के खिलते है...

|| 187 ||

सहारा

मेरा दोस्त
मेरा हमदर्द
मेरा अब
अब वो मेरा न रहा,
उसके
डोली का सहरा
मेरी कब्र पे बंधा,
यूं
न अगर पतझर आता,
यूं
न उपवन पे मातम छता....

|| 188 ||

जबसे देखा है तुझे
इस नास्तिक को
खुदा पे यक़ीन आने सा लगा है,
इस जहां में उसने
तुझ जैसे हसीं
तुझ जैसे माहताब बनाए जो है....

|| 189 ||

गूंज

मेरे दिल के दर्द को
सुनना चाहता है जहां,
क्यूं सुन
कह-कहा लगाना चाहता है जहां
तड़प जो है
मेरे मन की,
अग्न है जो
मेरे तन की,
उस तपिश तमाशा में
तालियो की करतल ध्वनि
कर-कर
बार-बार
क्यूं याद दिलाना चाहता है जहां,
मेरे आंखों के
सूखे आँसू से
क्यूं अपनी आंखे नम करना चाहता है जहां,
मेरी गुम सी
कहीं छुपी पड़ी सी
हंसी पे
क्यूं गुद-गुदी लगाना चाहता है जहां,

|| 190 ||

फरमान

ए हुस्न
तू कहती है आगे बढ़,
मुझ पे यूं
वक़्त न बर्बाद कर,
बाज़ार-ए-महफिल में
मुझ जैसे हसीन
तुझे कई मिलेंगे,
मैं
तेरा कहा
तेरा फरमान मान
निकल पड़ा बाज़ार में
मेलो की भीड़ में,
कसक थी
पर तेरा कहा था
नाफ़रमानी की उम्मीद भी न थी,
बाज़ार–ए-महफिल में
घुमा
भटका
न जाने कितने ही,
अक्सों ने घेरा मुझे,
पर
ए
मेरे हुस्न
तुझ जैसा दूसरा न पाया
इस बाज़ार में मैंने,
हर

अक्स में
तेरा ही अक्स पाया मैंने,
शुक्र है
खुदा का
इस जहां में
तुझ जैसा एक ही माहताब बनाया उसने...

॥ 191 ॥

मेले

मेले में
घेरा मुझको कई हुस्नो ने,
जलवा-ए-महफ़िल
फिरदौस किया कई शख़्सों ने,

पर
तुझ जैसा माहताब
तुझ जैसा आईना
कोई और न पाया
इस जमाने में मैंने ॥

|| 192 ||

जतन

हुस्न
तू खफ़ा क्यूं है
क्यूं तू मायूस सी है,
तेरी वो हंसी कहां गुम गई
क्यूं तेरी आंखे नम हुई,

अपने आप ही
उस तपन को
क्यूं अकेले सहती,
मुझे भी साथ ले ले
तेरी शीतलता यूं ही
अकेले क्यूं पिघलती,

मैं कौन सा जतन करूँ
तेरे चाँद से मुखड़े पे
हंसी की बहार खिल-खिलाने में,
मैं कौन सा प्रयत्न करूँ
तेरे कजरारी आंखो में
नए सपनों की उम्मीद जग-मगाने में ॥

|| 193 ||

फरियाद

अपने आप से नफरत सी होने लगी है
अपने आप की बातों से घृणा सी होने लगी है,
जिन होंठो पे सदा मुसकुराती थी बहार
जिन चेहरे पे सदा दमकती थी धूप,
जिन आंखो में बसती हरदम थी शीतलता,

न जाने क्यूं
न जाने क्यूं
मेरे लब्जों के बयां से,
न जाने किन बातों से
कहीं गुम सी हो गई
कहीं सुन सी हो गई,

हर वक़्त
तन्हा-ए-दिल से फरियाद यही
किसी तरह से
किसी वजह से
हुस्न पे
इबादत पे
मेहरबा हो बहार
खिले होंठो पे मुस्कान
आंखो पे छाए फिर खुमार,
चेहरे पे बिखरे चाँदनी बहार ....

॥ 194 ॥

सोच इंसा की
यूं क्यूं बदल
जाती है आजकल,
मदद में भी
उसे क्यूं कोई रंज नज़र
आती है आज-कल...

|| 195 ||

ईमान की दुनिया में
ये कैसा भ्रम है,
दोस्त तो आज मिलते है
बद्दुआओ के लिए...

|| 196 ||

यूं कोई दोस्त मिल जाए
दुआ के असर पे,
यूं कोई हमसफर मिल जाए
दुआ के कर्म पे,

फिर न जाने क्यूं
ये दुनियावाले
जो दोस्त न बन सके दर्द के मेरे
न जाने क्यूं आज
दीवारे वफ़ा के दरमियान को
अपनी ईटों से भरते है मेरे

|| 197 ||

ईमान

ईमान को बचाना है खुदा
तो कुछ तो
बेईमानी जमाने से करनी होगी

॥ 198 ॥

चाँद की नज़र

जब-जब
तेरे मुखड़े को चाँद छूता,
तब-तब
मैं चाँद से खफा सा रहता,
कि कहीं
नज़र न लग जाए तुझे उसकी
कि कहीं
दाग न लग जाए उस जैसा,

|| 199 ||

तू ही तू

यूं गुजरता हूँ
काले नाग सी
लहराती सी
बलखाती सी,
कहीं धूप लिए,
कहीं पेड़ो के छांव में छुपी
इस (ये) सड़क (है) से
जिस पर से
राही गुजर
राह पाते है,

ये सड़क है
जिसे गुजर हर भटके
रास्ता (मंज़िल) को पाते है,
मुसाफिर
छांव के तले
अपनी थकान मिटाते,

इसके साथ-साथ
चलती हैं किस्से कहानी कई,
अफसाने कई,
कुछ नाना–नानी की जुबानी
कुछ दादा-दादी की वाणी (कहानी)
कुछ माँ की लोरी की तरह
तो कुछ
पिता की स्नेह भरी
समझाइश की तरह,

इसके संग-संग
चलते है सबरंग
दूर-दूर तलक
हरी चादर पर
टिम-टिमाती सरसों की बाली
मेरे यार की
मेरी प्रीतम की
वो चूनरकी तरह,
उसके बिखेरे-बिखेरे
बालो की तरह है,
पेड़ों से झूलती हुई
लताएँ-शाखाएँ,

उसके आँचल की/सी
ठंडक देता
नहर में बहता शीतल-जल,

यूं जो
झिलमिल-झिलमिल सी
होती वो सूरज की लौ
उसकी चंचल झपक-झपकाती
पलको में बसी
नैनो (नयनों) की तरह,

कहीं वो
खन-खनाते
तरु के कोपल के स्वर
यूं
जो तेरे
कोमल पाँवो में

झन्न-झन्नाती
पायल की सरगम,

शाखों पे बैठ
पंछियो का क्रंदन
उनके पतित पावन
स्वर का मनन / सा अभिनंदन
मानो तेरे लफ़्ज़ो से
थिरक-थिरकते हुये चह-चहाहट भरे
यादों के पल,

वो मचलती
लहराती तेरे गालो पे
लताए
हर झोकों मैं
तेरी आंखो को / मृगनयनों को
मचलाए,

निकले जो मधुर स्वर
तेरे मधु कंठ से,
मेरे कर्ण पे पड़
न जाने
विचलित से मन को
कौन सा सुकू दे जाए,

ऐ प्रियतमा
लख कोशिश
लख जतन करता
तेरी याद मिटाने को
तेरी चाह भूलाने को
पर

हर आग की राख़
तू ही है ,
हर रात की कालिमा
तू ही है,
हर स्वर का नाद
तू ही है,
हर सुबह की ओस
तू ही है,
हर शाम का सतरंगी सूरज
तू ही है,

हर कली का गुलाब
तू ही है,
हर चमन का अमन
तू ही है,
हर कदमों की आहट
तू ही है,
हर छांव की शीतलता
तू ही है,
हर ख्बाबों की हकीकत
तू ही है,

हर जलजले / दिलजले का सुकू
तू ही है,
हर रात का माहताब
तू ही है,
हर बात का गुलज़ार
तू ही है,
हर प्यास की आस
तू ही है,

मेरे हुस्न मेरी इबादत

हर लफ़्ज़की आबरू
तू ही है,

बस ठहर जा मन
हर लहरते
हर ठहरते
पल का सुकू
तू ही है,
बस
तू ही है
तू ही है .....

"स्वप्न" (अमन कोणार्क मोदी)

॥ दुआ-ए-कलम ॥

॥ 200 ॥

ए अनजाने
तू कहाँ रहता है,
तेरा ठिकाना कहाँ,

मैं
मैं
जहां से आया हूँ
उसे क़ैद कहते है,
आके
ज़रा देख,
हम उसमें कैसे
ज़िंदगी गुजर-बसर करते है,
तू तो
मेहमा
मैखानों में मदहोश
पड़ा है,
तू न जाने
ज़िंदगी किसे
कहा करते है ....

॥ 201 ॥

सखी
ले चल मुझे भी
उस क़ैद में,
इस दुनिया की
महफ़िल से,
हर तरफ
हर जगह
गलियों-गलियों
ज़मीन-ज़मीन
जो ढूँढता हूँ
सुकू कहीं,
शायद
ऐ साकी
मिल सके उस क़ैद में
मुझे ॥

॥ 202 ॥

सजदा

ये कोहरे की सफेदी
तेरे चेहरे की लालिमा पे,

ये हिम सा मर्म
तेरे पग सी कोमल,

ये हरित सी फ़िज़ा
तेरे लबों सी मुस्का,

ये नील आसमा शेहदाई
तेरे नील आँख सी गहराई,

ये आग की तपन
तेरे तन की चुभन,

ये रेशम सी झनती धूप
तेरे गालो की नरमी / गर्मी,

हाय
ये कुदरत के रसरंग
तेरे मद-मस्ताने जल तरंग,

कुदरत को देखू / का सजदा करूँ
तुझे देखू / तेरा सजदा करूँ
एक ही बात
एक ही बात है,
एक ही बरखा
एक ही बरसात है,

|| 203 ||

कोहराम मचा कैसा
सफ़ेद छाया जैसा
धुंध सी काया जैसा

ओस की सूरज में
तपती बूंदें
यूं इधर-उधर
बिखर रही है
कोहरे की तरह,
रात के सन्नाटे में
साथ देती
दिन के उजाले की तरह,
भीगी-भीगी
कुछ कुछ
झिल-मिलाते स्वप्न की तरह,
चंचल मन
रंग-बिरंगे
उपवन की तरह ....

॥ 204 ॥

कोहराम

इधर दिल्ली में
कोहरे ने,
उधर महफ़िल में
ए हुस्न तूने
कोहराम मचा रखा है,
न जाने
कितने मचलते-खिलते दिलो को,
अपनी नरम ताप से
पिघला रखा है,
मदहोश बना रखा है ...

|| 205 ||

मंज़िल

कुदरत का कर्म है
या
दुनिया का भ्रम है
या
हुस्न की शर्म है
या
भास्कर-गरम है
या
हथेलियाँ नरम है
या
ज़िंदगी का हरम है

उलझन में हूँ
मैं कहां हूँ
मैं क्या हूँ
मेरे एहसास की मंज़िल
कौन है
कहाँ है....

|| 206 ||

कमबख्तों की दुनिया में
सवेरा हुआ,
मेरे जहां में
अंधेरा हुआ,
दोष न देता जगवालो
मैं अपने आप ही बर्बाद हुआ ॥

|| 207 ||

मेरी वफ़ा को
मेरी बेवफाई न समझ,
मेरी अदा को
मेरी दुहाई न समझ,
ऐ
मेरे हमनवा
मेरी मोहब्बत को
मेरी रुसवाई न समझ,
मेरी सजा को
मेरी बेहयाई न समझ
मेरी बर्बादी न समझ....

|| 208 ||

मैं खुद ही चला
समंदर में
कश्ती को ले,
अब लहरों–ओ-समंदर में
मचलती है कसती
तो आह किस जुबां (ज़बां) में
कोई फरियाद किस अदब में ....

॥ 209 ॥

जज़्बात

जो दिल में है जज़्बात
जुबान में बयां नहीं,
अब लड़खड़ाती कलम से
अफसानो की तरह
बस
बयां हो रहे है,
बस
नदी की तरह बह
मेरी दास्ताँ कह रहे है ...

॥ 210 ॥

जख्म

मैं
दिल से
जख्मो को लहू-ए-कलम में
डूबो-डूबो,
अल्फ़ाज़ों के जनाज़े में
सजा-सजा,
बताता रहा
जताता रहा,
दुनिया
इसे बस
जख्म समझ
मरहम लगाती रही ....

दुनिया
इसे बस
मर्ज की दवा समझ
हथेलियों से सहलाती रही ....

॥ 211 ॥

तेरे ठंडे काजल में
बसे गर्म उजले
मदमस्त नयन,
हाय
मेरे हुस्न
मेरी जान
न ले डाले...

|| 212 ||

मैं

मैं
ये मैं भी कितना
गुरूर वाला है,
कितनों को इसने
पछड़ा
गिराया,
कितनों को इसने
अकेला किया
तन्हा किया,

पर ये "मैं"
कितना
अकेला
सहमा
तन्हा
ये किसी ने न सोचा
ये किसी ने न जाना
ये किसी ने न माना,

बस "मैं"
मैं का अहम
मैं का गुरूर
उसे दिखा,
उसका स्वाभिमान
आत्मसम्मान
गर्व, कर्म, धर्म
किसी को न दिखा...

ये मैं ही हूँ
जो मैं को ही देखता / दिखता (हूँ),
ये मैं ही हूँ
जो मैं को यूं कहता (हूँ),

ये मैं ही
तपते रेगिस्तान में
अकेले प्यास से तड़पा,
ये मैं ही
भीगे जंगल के
दल-दलो में धसा,

ये मैं ही
जो दिन के उजाले में
अकेले ही जला
ये मैं ही
जो निशा के अंधेरे में
ख्बावों में बुना,

ये मैं ही
जो किसी की
बाहो को तड़पा,
ये मैं ही
जो किसी की
बाहो में सिमटा,
ये मैं ही
जो किसी की बाहों में रोया / सोया,

ये मैं ही
जो नंगे पावों

कंटीले हों / रास्तो पे चला,
ये मैं ही
जो खुले बदन
ठंडे हिम में चला / बढ़ा,
ये मैं ही
जो एक चादर में
ठंड में फुटपाथ पे पड़ा,

ये मैं ही
मैं कितना तन्हा
मैं कितना बदला,
किनारे पे
मैं
अकेला ही
कितना मायूस बैठा,

मैं
रात के अंधेरे में
सुनसान राहों पे
कितना तन्हा चला,
मैं
दिल की दुनिया में
कितना तड़प में जला,
मैं
कर्म की चक्की में
कितना पिसता-रहा,

ये न जाना
ये न माना
ये न समझा
ये मैं ने ही,

मेरे हुस्न मेरी इबादत

ये मैं ही
किसी का बेटा-बेटी
किसी का माँ-बाप / बाबा
किसी का चाचा-चाची

ये मैं ही
किसी बेगम का जनाब,
किसी आशिक की आशिक़ी,
किसी दीवाने की दीवानगी (दीवानी),

ये मैं ही
किसी का दोस्त-दुश्मन
किसी का गुरु-चेला
किसी का कर्म
किसी का धर्म
किसी का भ्रम,

ये मैं ही
किसी का जलसा
किसी का जनाज़ा,
किसी की बेरुखी
किसी की दिल्लगी,

ये मैं ही मैं
मैं ही मैं
या तू ही मैं
या हम ही मैं
या बस
मैं ही मैं
मैं.... मैं...... मैं .....

338

ये मैं ही हूँ
जो रास्ते में साथ देता,
ये मैं ही हूँ
जो आंधियों में हाथ देता,
ये मैं ही हूँ
सावन के मेले में झूले झूलाता,
ये मैं ही हूँ
शरद में दर्द को सहलाता,
ये मैं ही हूँ
जो ग्रीष्म में
थका / पसीने को पोछता,
ये मैं ही हूँ
जो तेरे
दुख-दर्द सारे
चम-चमाते
टिम-टिमाते
तारों की तरह लेता,
ये मैं ही हूँ
जो रोने की
वजह बतलाता,
ये मैं ही हूँ
जो हँसने में
मुस्कान लाता,

ये मैं ही हूँ
जो साँस ढले
पेड़ो पे चह-चहाता,
ये मैं ही हूँ
जो पानी के बुल-बुलों में
सतरंग दिखलता,

मेरे हुस्न मेरी इबादत

ये मैं की कहानी
न मैं की जुबानी
न तै की बखानी,

ये मैं की कहानी
ये जहां की रवानी
ये जहां की सुनानी.......

॥ 213 ॥

स्याही

ए हुस्न
तेरी इबादत ने
इस फ़कीर के कोरे हाथो को
शायर की स्याही थमा दी,
तूने
एक रंग की बेरंग ज़िन्दगी में
एक ही रंग से कई रंग भर डाले,

इस तोहफे के संग का
शुक्रिया
इस बारिश सी इबादत का
शुक्रिया ....

|| 214 ||

आज की दुनिया

कमरे की चार दीवारों में
यूं सिमट-सी-गई
दुनिया,

घरों की खिड़कियों-दरवाज़ो
के पीछे
कहीं गुम सी हो गई
दुनिया,

कुए से घरोंदों में बैठ
यूं इतना अभिमान किस पैठ का,
कुओं की दरख्तों में
यूं लुक-छुप सी गई
दुनिया,

मचलता पानी
कभी-कभी कामयाब सा होता
कभी-कभी कामयाब सा होता
दरख्तों से खदेड़ने को,

पर
कम होते पानी में
फिर भी
कहीं चिपक-सिमट सी जाती
दुनिया,

|| 215 ||

व्याकरण

हर कर्म का कर्ता होता है
हर कर्म का कारण होता है
कर्ता कारण से प्रेरित हो
कर्ता कर्म का संवाद / शंखनाद करता,

मैं कर्ता
हुस्न मेरा कारण
शायरी मेरा कर्म

कारण की ही
इबादत करता हूँ,
कर्ता बना
कर्म से तोहफे की इनायत
कबूल करता हूँ,

कारण की इजाज़त नहीं
कर्ता को
कर्म का रहस्य बताए,
इंतज़ार करता कर्ता
कारण की रहमत का,
जब वो दे
हुकुम-ए-इजाजत
दुनिया में बयां का,

|| 216 ||

ये मोहब्बत क्या बनाई
मोम सी इबादत बनाई
यूं
पिघलता रहा सदा
रोशन करने शमा सदा...

॥ 217 ॥

किस्सा

मोहब्बत की राह
भी अजीब है,
दिल से आह
निकली वाह की तरह,
दिल से ना
निकली दाह की तरह,
शायरा
मोहब्बत की चाह का
ये कैसा
किस्सा ही अजीब है ...

|| 218 ||

ग़ैर-कम ग़ैर

जीवन का नया अध्याय
या
जीवन की चाहत का रंग,
हुस्न-ए-महफिल ने
यूं बयां (कर)
इतिहास-ए-अतीत,
मेरी इबादत की आजमाईश
ज़रा और (की) हुई,

वो कहते है की
मेरी डोली
मेरे बाबुल की आरज़ू है,
मेरी मर्ज़ी
मेरे बाबुल की खुशी से फीकी है,

ऐ हुस्न
तो हो रही किसी गैर की
न जान
उस गैर की मोहब्बत बफाई,
बस ज़रा
इतना बता
उस गैर और मुझ कम-गैर में
फ़र्क क्या,
तुझे जबरन उस गैर से मोहब्बत
करना गवारा रहा,
पर
इस कम गैर से बेजबरन मोहब्बत

न सही
न साथ
भी गवारा न रहा,
ऐ हुस्न
ये जान के भी
ये कम-गैर
तुझसे बेचाह-बेअरमान
तुझसे बेइंतिहा-बेताब
मोहब्बत करता है,

वो गैर
तुझसे
कितनी मोहब्बत
कितनी चाहत
इंतिहा करता
न जान के
न मान के
भी
वो गैर की हो जाना
मंजूर है,
कम-गैर की न हो जाना
मंजूर है......

|| 219 ||

वादा

मैंने वादा तो किया
तुमसे
पर
तुम तो मेरी आंखो में बसी हो,
तुम तो मेरे ख्वाबो में बसी हो,
तुम तो मेरी हर साँस में बसी हो,
अब बस
ज़रा यह तो बता दो
कैसे आंखे खोल के रहूँ
कैसे ख्वाब न देखूँ
कैसे साँस बिन रहूँ,
कैसे
कैसे

अब तो एक ही सहारा
नज़र आता है,
अब तो एक ही मंज़र / आसरा
नज़र आता है,
मिट जाऊ
किसी गुमनाम से शमशान में,
दफन हो जाऊँ
किसी लावारिस से कब्रस्तान में...

॥ 220 ॥

कुरबान

देखा जब तुझे
मुसकुराता,
यूं खिल-खिलाता
मानो
सारे गम
सारे भ्रम
शरमा कहीं छुप से गए हो,
हर कली
हर सुबह
यूं ही खिलती रही
बहार-ए-चमन में,

इस हँसते चेहरे
पे
सारी दुनिया कुरबां,
इस हँसते हुस्न
पे
सारी तुफ़ैल / ज़िंदगी कुरबां,

इस खिले चेहरे
पे
सारी दया कुरबां,
इस मुस्कुराहट हुस्न
पे सारी ख्वाहिशें कुरबां,

|| 221 ||

The things prevails
As the time prevails,
The feelings prevails
As the heart prevails,
The condition prevails
As the society prevails,
A Love prevails
Then only a None Prevails

|| 222 ||

बारिश की बूँद
अंबर में रह
खामोश बरसती,
सतह से टकरा
हुंकार करती,
क्या प्रकृति
कुछ इशारा करती,
कुछ अनसमझी
कुछ अनकही
बात करती...

|| 223 ||

तुम

मेरे सुबह का सूरज तुम
मेरी साँझ की लालिमा तुम,
मेरी रात के चाँद तुम
मेरे सफर का सुकूं / की छाया तुम,
रास्ते में
प्यास से तड़पते
गले की तृप्ति तुम,
ख्वाबो की रात के
उजले गीत तुम,
हर साँस की
ताज़गी तुम,
महकते उपवन की
रवानगी तुम,
नदी की कल-कल करती
मचलती आस हो तुम,
कलम से बयां
हर लफ़्ज की
इबादत तुम ....
मेरी सुबह का गुलज़ार तुम
मेरी शामों का आफ़ताब तुम...

॥ 224 ॥

तेरे संग

मेरा ख्बाव बस
यही है,
सुबह तेरे हँसते चेहरे का
दीदार करूँ रोज,
दोपहर तेरी जुलफो के
साए की छांव में
थकान मिटाऊ रोज,
शाम तेरी हथेलियाँ थाम
ढलते हुये सूरज के रंग
संग
बिताया करूँ रोज,
रात ढले तेरी आंखो की
महफूजियत में सोऊं रोज,

बस मेरा यह ख्वाब ज़रा सा
ज़िंदगी का,
बस मेरी यह आखिरी सी आरज़ू
ज़िंदगी की....

|| 225 ||

ओ हुस्ना
ओ मेरी हुस्ना
तेरे ऐतबार का इंतज़ार
तेरे इकरार का इंकलाब,
मैं
हर वक़्त
हर पल
मैं
हर साँस
हर रग,
उस लम्हे का
उस कहे का
मैं
इंतज़ार करूँगा
बेइंतिहा इस्तकवाल करूँगा...

"कृतिका" (अमन कोणार्क मोदी)

॥ आपकी अभिव्यक्ति ॥

मेरे हुस्न मेरी इबादत

|| 226 ||

तुम्हें खत लिखना चाहा
तुम्हें कुछ कहना
कुछ बताना चाहा
तुमसे कुछ जानना
कुछ सुनना चाहा

पर
ये कुदरत को देखो
तेरे लिखे बहुत बांचे दुनिया ने
पर
तेरे मन में न झांक पाया कोई....

॥ 227 ॥

ज़िंदगी यूं

(Dedicated to My Ray-Ban Friend Arvind Sir)

ज़िंदगी यूं ही
अचानक गम क्यूं देती है,
ज़िंदगी
पल में खुशी
पल में बेरुखी क्यूं कर देती है,
जो था कल आज कल मेरा
पल में
आज कल क्यूं कर देती है....

॥ 228 ॥

नीरज

यूं अश्क न बहा नीरज
हर ओंस की बूंदे तुझसे
टपक
मोती में तब्दील (तामील) होती है,
यूं न ज़ाया करो
अपने
मोतियों को दल-दल में,
नीरज को मुसाफिर तो
कीचड़ो में भी
मुस्कुराने की वजह बताते है
हौसला-धैर्य बंधाते है...

|| 229 ||

दोष

मेरे दोस्तों
मेरे हमसफ़रों
खुदा पे दोष न दो
खुदा पे तंज़ न दो,
खुदा कौन है
खुदा कहाँ है,
आज तक न देखा गया
आज तक न उसका पता पाया गया.....

ये तो हम इंसानों ने
एक नाम बना (दे) रखा है
एक कल्पना गढ़ रखी है,
जब कोई न मिले तो
उस पे दोष मढ़ना,
और
जब कोई न मिले तो
उस पे तारीफ मढ़ना...

वो तो बस
एक कल्पना सा है,
जो शायद
हर दिल में है
हर ज़हन में है,

जो शायद
हर वक़्त तैयार खड़ा रहता
हर वक़्त तैयार हौसले में रहता

हर गम
हर खुशी
को
अपने पे लेने को
अपने पे सहने को,
फिर भी
न आह न उफ़ करता,
न हँसी न उल्लास करता,
बस
अकेले ही मौन सा रहता
अकेले ही चुप सा सहता ...

|| 230 ||

खुदा का दर

खुदा के दर पे लगा मेरा आज बिस्तर
खुदा के दर पे पड़ा मेरा आज नश्तर,
नास्तिक को अपने दर पे
बैठा ही माना आज खुदा,
नास्तिक को अपने दर पे
लिटा ही माना आज खुदा...

|| 231 ||

डालिमा

डाल-डाल फूल खिले
इमां-इमां से ज़िंदगी निखरे,
यूं ही हर साल
यूं ही हर दिन
डालिमा
खिल-खिले,
मुस्कुराहटे बिखेर
ज़िंदगी को निखारती रहे....

॥ 232 ॥

हम नींद से जागे नहीं
मुसाफिर
फिर भी तेरा साथ दिये जा रहे है ....

॥ 233 ॥

मैं तो आरज़ू कर सकता हूँ
इबादत कर सकता हूँ
वो सुने
न सुने
उसकी तमन्ना ....

॥ 234 ॥

मीना कुमारी जी "साहिबजान" को समर्पित

उसकी ख़ामोशी
इक बात कहती हैं...
नफरत में ही सही
वो हमको हर पल
याद तो करती हैं...

ख़ामोशी से ही सही
न आने की हमारी
राह तो तकती हैं ...

बेज़बाँ लफ्जों में सही
न बात कर
कोई राज़ तो कहती हैं ...

बेरुखी से ही सही
न मुस्कान कर
मुँह फुला कर
कोई अनमोल राग तो घोलती हैं ...

" जन्मदिन मुबारक साहिबा "

|| 235 ||

खुदा की शक्ल में
इंसा की इबादत किए जा रहे है,
इंसा हो इंसा से
मोहब्बत किए जा रहे है...

|| 236 ||

नास्तिक

हम नास्तिक
ये दुनिया कहती
ये हम भी कबूल करते है ...
पर
ये तो बताओ दुनियावालों
नास्तिक की परिभाषा क्या
आस्तिक का विश्वास क्या...

|| 237 ||

वजूद

हम जैसे नास्तिको के लिए
तो
क्या खुदा
क्या ईश्वर,
क्या नानक
क्या येसू,
हम तो इंसा को
खुदा समझ इबादत करते है
मस्जिदों-मंदिरों
गुरुद्वारों-गिरजों में,
इंसा का घर समझ
इंसा को समझने जाते है,
कि
अगर हर इंसा में
बसा वो
तो काहे
फिर कबीर के दोहे
नज़रंदाज किए जाते है,
"न मंदिर में – न मस्जिद में
न काबे – न कैलाश में,
बसता खुदा
रमता खुदा
हर जन-जन में"

|| 238 ||

दास्तान

दास्तान लिखी गई
खत्म कहां होगी (हुई)
बीच-बीच में
स्याही ख़त्म हो चलती,

कभी-कभी
कलम की नोक से
उड़ते फाड़-फड़ाते पन्ने
फटने लगते है,

और कभी कभी
और कभी कभी
हाथ के पसीने से
स्याही धुंधली सी हो चलती .....

॥ 239 ॥

अंत तक
हम उसी को
सहेज कर
आँखों में रखते है,
जिसे हम
समझते है
प्यार करते है...

|| 240 ||

प्यार तो हमने बहुत किया
पर इकरार न कर सके ॥

|| 241 ||

जाने वाले कभी ये पूछा न करते
इन
आंखो के नीर में पीर कैसा...

॥ 242 ॥

चिंगारी

ए सनम पत्थर से न मारो
शीशा नहीं जो टूट जाऊंगा,
पत्थर हूं सनम
पत्थर से टकरा
चिंगारी बन जाऊँगा....

|| 243 ||

Blue land with a white mountain
Every mountain is living
Every mountain seeing me ,
I am
Thinking that
Are They looking at me ?
Are They Talking to me ?

।। 244 ।।

ख़्वाहिश है आसमां पाने की
चाहत है चाँद पे जाने की
उसे अपना बनाने की,

सिर ज़रा उठा के चल
नज़र यूं न झूका के चल,
फिर देख
फ़लक से उतर
जहां के चाँद-सितारे आ
तेरे कदमों में
बिछ पड़ेंगे...

॥ 245 ॥

ख़ामोशी

खामोशी से बढ़कर कोई इम्तिहा नहीं
खामोशी से सहकर कोई इंतज़ार नहीं,
खामोशी से समझकर कोई ऐतबार नहीं
खामोशी से झुक-कर कोई ऐब-ए-निसार नहीं ...

।। 246 ।।

मत रख मुसाफिर
अपने प्याले को
मयखाने से महफिल में,
लुट जाएगा
टूट जाएगा
छलक कर
मचल जाएगा ....

॥ 247 ॥

दर्द

जनाज़े में सफर करते है हम
हर दिन
हर रात
कोई तो कफन पहना दे
कोई तो दफन करा दे
की
तेरी उखडी नजर
नज़र न आए ...

|| 248 ||

रौंद

कारवां गुजरता रहा
मेरी मोहब्बत रौंदते–रौंदते
बस
इतनी सी शिकवा-शिकायत
इतना सा गिला.....
कि
इस कदर रौंद
न मेरा सिर उठे
न मेरा फन ॥

|| 249 ||

हुस्न का पता

जाम मयखानों में
उठाया करते है,
जश्न महफिल में
मनाया करते है,
वो तो मेरी इबादत है
वो तो मेरी पूजा है
दिल में उठती है
दिल में बसती है...

॥ 250 ॥

प्यारी दीया

दीया
मैंने तुझे एक वादा दिया,
रख अपना हाथ दीये पे
तुझे एक दीये सा जलता
एक वादा दिया,
दीये की तरह
तेरी आशाओ का दीया
मैं
बुझने न दूँगा,
दीये की तरह
तेरा हाथ
रात की कालिमा में
मैं
थाम रखूँगा,
ओ दीया
ये वादा
मैंने तुझको दिया,
दीये की तरह
हरदम रोशन रहे तू दीया,
ये दीये की लौ के सामने
खुदा से दुआ की मैंने दीया .....

Lovely Dia

Dia
I have given you promise
By putting my palm over the "Diyaa" (Lamp),
I have given you promise
Like a radiant"Diyaa"

Like a"Diyaa"
I will never let extinguish
Your desires and hopes
You have from me,

Like a "Diyaa"
Even in the dark haunted nights
Even in the lonely streets of night
I will always be with there for you
I will always hold your hand,

O Dia
I have given
This promise to you
Like a "Diyaa",
Always be luminous as a "Diyaa"
O you Dia,
Over the fire of the lighten "Diyaa"
I pray to god this to you Dia....

॥ 252 ॥

अबला

यूं अबला पे बेवजह
लगा रखी है
बेमतलब सी पाबंदियां
बेगैरत सी तौहमतें
ये समाज जो
उसी से जन्मा
उसी से पनपा,
आज
यूं उसी पे
यूं बन्दिशें क्यूं,
आज
यूं उसी पे
यूं पिंजर क्यूं.....

॥ 253 ॥

जनाज़ा

जनाज़ा एक और उठा मोहब्बत का
हुस्न के बाज़ार से,
खुदा अब ये तो बता
कि जाए तो जाए कहाँ

॥ प्रतिक्रिया ॥

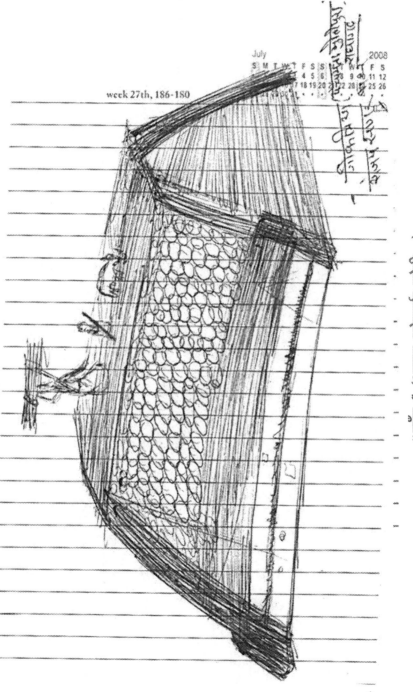

"गाँव" (अमन कोणार्क मोदी)

अदायगी-ए-हुस्न

|| कल ||

कल क्या है किसको खबर
कल जो खो गया है उसे पाने के लिए किसने किया सबर,
हो गए हम उस कल के गुलाम
अपनी ज़िंदगी को किया उस कल के नाम,
कल-कल करते हुये सदियाँ बीती
उस कल ने नहीं किया किसी का इंतज़ार,
वह कल तो कभी आया ही नहीं जिसका था हमें इंतज़ार,
उस कल के लिए मत कर अफ़सोस
इस कल के भरोसे मत बैठो
इस कल ने किया लाखों को बर्बाद,
सँवार ले तू अपने कल को.......

अपने कल को सँवारने के लिए
सुधार ले तू अपने कल को,
शायद जो खो गया उसे पा ही लेगा
उस सोए हुये कल को जगा ही लेगा....

अंजना सिंह तोमर "भगिनी", ग्वालियर

|| दुआ "इनायत" ||

मुझसे छीन लो
भले मेरी ज़ुबान,
मगर
मेरे लालायित अधरों में
उसका नाम रहने दो,

मुझसे छीन लो
भले मेरी ये रातें,
मगर
मेरे आँखों में
उसका ख्वाब रहने दो,

मुझसे छीन लो
भले मदिरा का ये प्याला,
मगर
ऐ भाई
मेरे हाथों में
ये किताब रहने दो....
ये किताब रहने दो....

"पवन भाई", रीवा

मेरे हुस्न मेरी इबादत

॥ कुछ दोस्तों की जुबानी ॥
॥ कुछ हॉस्टल - कुछ कॉलेज की कहानी ॥

Nicknames: *Aman Konark alias Modi Bhai, Gwalior Naresh, Panna Ka Heera, Jaadu, Harry Potter, Einstein etc.*

Best Known for:

His friendly nature, sense of humour, commitments, talent - Friends often says, "Modi is Physics prodigy and all these are God's gift." Nevertheless, I said it is wrong, Modi is workaholic, and has winning attitude. Very talented, he still occasionally shows off to friends and teachers. He is very generous with his time, in helping his friends in times of need. His original looks made him very likable amongst his friends but he came across weird sometimes. He also well knew for his blunt comments on his presentation, speech, and conversation with teachers. His ambitious approach to his goals brought him a lot of success. However, UITians thought he could be pushy about some of his principles & policies. He is evergreen personality. Modi says, "You are born to be Happy," you open yourself to the abundance of the GOD & then you see his generosity. Modi proved a man who thinks is the man who wins".Modi is a person who fallows his excitement, his passion & his enthusiasm. He has leadership quality and he proves Leadership is not a matter of chance; it is a matter of choice. Come what, may one day he will prove "Panna" is a City of Diamond" and he is a Kohinoor amongst all Diamonds.

After meeting Aman Konark Modi one cannot come alone but come back with the feeling that this man is genuine.

> @ Er. Pawan, UITian Friend, Shukla Construction ₀ Rewa

Aman is hardworking, honest towards work, full of creativity and energy.

> @ Amit Sir, Professor CE Deptt, UIT-RGPV, Bhopal

I know you as very simple honest diligent dedicated & ambitious guy who has always been serious for career but one day fell in love, imaginations & prayers to get his beloved made him a poet.....one day I wish you may get your love.

> @ Dr. Pratibha, KV No.1 Friend, Lucknow

Aman "Ek Padhaku" but fearless person...how we first met is very different...there was a group announcement of a "G.T."(Group Tadi) in our college...only Aman was the student who does not want "G.T..."Many tried to frighten him ...what he did at end was unthinkable...he removed his shirt and said please beat me and let me study...he has dedicated...at the end, he agreed but with love not fear...this Aman. We never talked lot but I always liked this person.

@ *Er. Vikram, UITian Friend, Bhopal*

I have been associated Aman Konark Modi, since 2006, when we first met in UIT RGPV, Bhopal. I have observed Aman Konark Modi have been a determined and persistent performer since College. Though he is quite adamant, but he is among people who has penchant for the truth and honesty. His book is a reflection of his persistance and hardwork, which he endeavoured during his student and college life. It gives me extreme pleasure and honour to be associated with Aman Konark Modi.

@ *Abhyudaya Upadhyay,*
MS Computer Science, University of Cincinnati, Ohio, United States of America

Modi Sir: An All-rounder

The only senior who has made golden mark on my mind & heart. He has been remain a genius senior, a true friend, a teacher, a guide, a healthy competitor, a strong debater & inspiration for his friends & juniors. He is one of the very few people of my engg college life @UIT(GEC Bhopal) to whom I respect from heart. मैंने उनके साथ जिंदगी के कुछ पल बहुत ही नज़दीक से जिये हैं, हर बात जान पाया लेकिन आज तक एक ही सवाल का जवाब नहीं पा सका कि "सर कोई प्रिंसेस है आपके दिल या लाइफ में ?? कभी कोई लड़की तो पसंद आई होगी ??" लड़कियों से कोसों दूर रहने वाले...हमेशा कहते "अबला सबसे बड़ी बला", फिर जब ज़िद्द करता तो बोलते "जान जाओगे जब भविष्य में एक किताब आएगी उसमें"... अब शायद वही "Answer" हो इस किताब मे ?? एक और बात जब वो किसी चीज़ के पीछे पड़ जाते हैं तो "P...o" से लगते है । मैंने उनमें जुनून इस हद तक देखी है- चाहे वो हॉस्टल में अपने रूम के ऊपर राष्ट्रीय ध्वज़ "तिरंगा" फहरा कर......

@ *Abhaya Nand Jee"Abhay" Balia,*
Sr. Executive Officer, CMPDI-CIL India
Ex-Trainee Scientist(Sci.B), CSIR India

मेरे हुस्न मेरी इबादत

कवि की कल्पना...

सागर के उर पर नांच - नांच करती हैं लहरों सा मधुर गान ....

जहां कोई न पहुंचे वही कवि पहुंचे । यह किताब मोदी की एक गहरी सोच और कड़ी मेहनत का नतीजा है ।

मुझे याद है वो पल जब CV Raman Hostel में "मोदी" ने अपने रूम के ऊपर तिरंगा लहराया था । पूरे कैम्पस मे हल्ला था ये क्या है, VC, Director, सब हिल गए थे क्यूंकि उस समय तक हमारी University की छत पे भी झण्डा नहीं लगता था । VC के कहने पर चार गार्ड उस समय झण्डा को उतारने के लिए हॉस्टल आए .... तब मोदी ने उनको बोला "अगर तिरंगे को हाथ लगाया तो वहीं से नीचे फेंक दूंगा" बिलकुल फिल्मी स्टाइल ..... इसे क्या कहें पगालपन या देशभक्ति, मैं नहीं जनता लेकिन बस इतना कहूँगा कि कुछ तो बात है लौंडे (लड़के) में कि साला हर जगह हाथ डाल देता ...

With best wishes waiting for 2nd and more....

@ दिलीप, Hosteller, Chhatarpur, MP Govt. Services

Determined Person:

बात कुछ फ़र्स्ट इयर- फ़र्स्ट सेमेस्टर की है, नवम्बर का महिना था और मैं और मोदी कॉलेज की बाहर वाली गैलरी में खड़े थे कि मोदी की नज़र दीवाल पे लगे बोर्ड पे गई, उस बोर्ड पर UIT-Topper की लिस्ट लगी हुई थी । उस लिस्ट को देख हम और मोदी बातें करने लगे और कुछ देर बाद मोदी बोलता है कि "पवन भाई एक दिन हमारा नाम भी इस लिस्ट मे होगा" पर मैंने इस बात को मज़ाक में ले लिया । पर हुई वही बात, जून 2010 मे मोदी ने कॉलेज मे Top किया और साथ ही साथ University में रजत मैडल प्राप्त किया और जो उसने कहा वो सच साबित किया ।

उसने साबित कर दिया कि इंसान सपने देख अपनी मेहनत के बल पे उन्हे पूरा कर सकता है....

@पवन "शुक्ला जी", रीवा

मोदी भाई जब मैं आप से पहली बार मिला था तब आप मुझे बहुत ही अजीब लगे थे.... एक दम सबसे अलग सबसे हटके ... हर समय पढ़ाई करना .... हमेशा अपने रूम में रहना .... जो मन मे आया बिना डरे सबके सामने कहना .... तब मुझे लगा की किस टाइप का आदमी है ... एक बार मैं आपके रूम में चप्पल पहन के आ गया था तब आपने मुझे डांट दिया था .... उस दिन मुझे आप से नरागी हुई कि इतनी सी बात पे कोई किसी को डांटता है क्या .... फिर धीरे -धीरे मैंने आप को देखा, समझा और महसूस किया की नहीं जैसा मैं अजीब बोल रहा हूँ वो अजीब नहीं हैं पर यह उनका खुद के प्रति Discipline है जो कि हम सब को रखना चाहिए ।

मोदी भाई You are out of this World ..... I am proud that मोदी भाई I am your friend .... I am very thankful to you मोदी भाई .....

@ राकेश, Uitian, बैतुल, MP Govt. Services

Funny But True:

एक बार की बात है मोदी भाई के BEE Mid-Sem मे 2 no. आए थे और वो भी 20 में से । फिर क्या मोदी भाई की नींद उड़ गई और वो seriously सात दिन तक दिन-रात सोए नहीं और सिर्फ और सिर्फ BEE ही पढ़ते रहे (जगजीत सिंह के गानो के साथ और WWE के म्यूजिक के साथ) । एक दिन Chemistry की क्लास मे सो गए और सबको लगा की वो सो रहे है पर वो बेहोश थे, जब क्लास की छुट्टी हुई तो सारे बच्चे घर जाने लगे, हमने मोदी को उठाया पर वो तो बेहोश थे । उसे उठाने की सबने खूब कोशिश की पर वो नहीं उठे और उस वक़्त सिर्फ हॉस्टल के बंदे बचे थे मै, राकेश, मनोज, नीलम, और भी थे 3-4 लोग, पर मोदी का वजन भी उस समय 90 किलो था, उसे 3rd फ्लोर से नीचे लाते–लाते सारे लौंडे (लड़के) पसीने से भीग गए, फिर नीलम ने अपने सड़े मोज़े और जूते भी सूंघाए पर तब भी मोदी जी नहीं उठे पर और फिर हमने अकैडमिक सेक्शन जा के एक जीप बुलाई और मोदी को जीप के पीछे के पॉर्शन पर ऐसे रखा जैसे कोई मुर्दा पड़ा हो । दूसरे दिन जब उसको हम लोगो ने इस बात का जिक्र किया तो मोदी भाई ने हम लोगो को "सांची" पे लस्सी पिलाई....................

अरे यह तो बताना ही हम भूल गए कि अगले BEE Mid-Sem में मोदी भाई "20 मे से 19 no." लाये थे ..

Funny But Awesome:

अरे हां भाइयो एक बार हॉस्टल मे नंदू की मैस चला करती थी और लोग "सनडे स्पेशल" का वाईट किया करते थे । तो एक बार सनडे को शर्त लग गई "नीलम v/s मोदी" कि दोनों मे से कौन ज्यादा खाता है । और जो उन दोनों ने खाना शुरू किया तो देखते ही देखते दोनों जम कर चालू हो गए कभी नीलम तो कभी मोदी आगे पर ताजूब की बात थी कि अपने नीलम भाई "28 पूरी (पूड़ी)" खा कर रुक गए थे और मोदी भाई अभी भी continue थे और उनने 40 पूड़ी खा ली और सब की फ............ट गई ....ही....ही...ही

पर जनाब यहां एक बात जाने वाली है कि मोदी भाई एक टाइम खाना खाया करते थे इसलिए इतने भूखे थे पर नीलम तो दोनों वक़्त खाना खाता था फिर भी 28 पूड़ी खा गया था .... ही...ही...ही...

@ दिलीप और सोनल, UITian Hostellers

I Love You "हनुमान जी" चिल्लाने वाला लड़का turns into
I Love You ".......” विनय से कहने वाला लड़का ....!!

@ विनय

"असकारात्म को सकारात्म करने का एक प्रयास"

@ रविशंकर मिश्रा "मिश्र", चित्रकूट

Back Cover Concept

There is the nature at the backdrop with the lady beloved "Husn" in Black and her lover "Ibaadati" is in White colour bowing on the knees, both standing on the bed of the black roses. The white colour of the "Ibaadati" showing the innocence, purity of his love as he writes prays for her like God, slowly he knows the enlighten truth and path of purity called love and his darkness is vanished and he emerges out with elegance truth of the life and salvation called love.

The lady "Husn" beloved is in black colour with the head high is showing her "Aib" (The Pride & Prejudice) of her towards the dedication and the love of her lover. She is caring internally but outside showing, the ignorance of her lover prays due to some other reasons. This turned bed of the red roses into the dark black showing the deepness and dryness of lover's wait for her gift of love and her lover innocence prays so deeper which turns the bed of the roses so darken red that it appears as black.

Mood & Colour

Blue shows the openness of feelings of the author,
Yellow shows the radiant & joy life of author,
White shows the innocence & purity of feelings and expressions of the author,
Red shows the passion & love expression of the book,
Green shows the prosperity, harmony & well wishes of well wishers.

मेरे हुस्न मेरी इबादत

About Author: Er. Aman Konark "Ibaadati"

Born 27 Jan 1987,
Diamond City, "Panna", Bundelkhand, MP, INDIA
Currently working in GAIL as Senior Engineer (Nation's Service)
Aman Konark Modi is an Engineer turn Freelancer Writer & a Young Generation Poet. He is a silver medalist alumnus of (RGPV, Bhopal), a college topper alumnus of (UIT RGPV / Govt. Eng. College, Bhopal). Born in Diamond City (City of Temple, City of Tiger) "Panna" & nurtured in the Nature's beautiful City of Lake "Bhopal" is an intelligent idiot engineer turn "???? Lover" Poet. He loved adventure, travel, and biking. He travels across the INDIA, Day & Night from Sunset to Sunrise, from Bright to Dark Places.

Author Biography:
1987: 27 January Born, Panna, INDIA
2000: 5th July His Name Change from "Konark" to "Aman Konark"
2003: Passed X, DAV Public School, Majghawan Mines, Panna
2005: Passed XII, Kendriya Vidyalaya No.1, Gwalior
2007:Worked as Volunter in Organising of Bhartiya Vigyan Sammelan at Bhopal, Swadeshi Science Movement, Vijanaan Bharti
2009:Worked as Volunter in Organising Vigyan Manthan Yatra, Swadeshi Science Movement, Vijanaan Bharti
2010:Bachelor of Engineer in Civil Engineering, Hons, University Silver Medalist, Rajiv Gandhi Proudyogiki Vishwavidyalaya, Bhopal
2010: Serving the Nation and Presently Working in GAIL
2011: Pursuing Master of Business Law, NLSUI Bangalore
2012: Fall In Love of "Husn"& Writes Poetry's "Ibaadat's"
2013:"Mere Husn Meri Ibaadat""My Beloved My Pray" The Book of Love Poetry, The First Book gets Published.

About Book:
A person who drum beats the Love of the others when fall in the love, then such a book originates.It is a Book of Poetry of Love and Pray for Beauty by Lover's soul. These poems are very personal of poet and written during the personal feeling of extreme passionate moments of love.

Email: vande.matram@live.in ; vande.matram27011987@gmail.com
Facebook: https://www.facebook.com/konark.uit
FacebookPage:https://www.facebook.com/ShanivaarKaShayarKabhiKabharKaKavi
Twitter: https://twitter.com/vandematram2701

@ Abhayanand, Adarsh,Pawan,
@ Front & Back Cover Painting *:Nandkishor,*
@ Front Flap & Spine Painting : *Ligia Brenes Corrales (Costa-Rica)*
@ Back Flap Painting : *Aman Konark*

मेरे हुस्न मेरी इबादत

परिचय कवि: अमन कोणार्क "इबादती"

जन्म : २७ जनवरी १९८७, हीरों की नगरी, मंदिरों की नगरी, बाघों की नगरी "पन्ना", बुंदेलखंड, भारत वर्तमान में गेल (इण्डिया) लिमिटेड में वरिष्ठ अभियंता के रूप में सेवार्थ

संक्षिप्त जीवनी :

२०००: ५ जुलाई जनाब का नाम "कोणार्क" से "अमन कोणार्क" हुआ

२००३: दसवी कक्षा डीएवी पब्लिक स्कूल, मझगवाँ खदान,पन्ना से उत्तीर्ण हुये

२००५: बारहवीं कक्षा, केन्द्रीय विधालय,ग्वालियर से उत्तीर्ण हुये

२००९: विज्ञान मंथन यात्रा, भोपाल के आयोजन में स्वदेशी साइन्स मूवमेंट, विज्ञान भारती के स्वयंसेवी के रूप में कार्य किया

२०१२: 'हुस्न' से इश्क़ और काव्य-ए-"इबादत" लिखना शुरू ...

२०१३: मेरे हुस्न मेरी इबादत" प्रथम किताब प्रकाशित

परिचय : किताब

कितनों के इश्क का बैंड बजाने वाला मोदी जब इश्क़ में पड़ता है तो ऐसी कोई किताब बनती है... यह किताब इश्क की शायरी के रूप मे हुस्न की इक इबादत है । ये कवितायें मोदी की बेहद निजी कवितायें हैं..प्रेम के चरम पलों में लिखी गयीं नितांत व्यक्तिगत अनुभूतियाँ ...

@ अभयानन्द, पवन, आदर्श

*@ **फ्रंट एवं बैक कवर चित्र** : नंदकिशोर*

*@ **फ्रंट फ्लैप एवं स्पाइन चित्र** : लिगीया ब्रेनेस कोर्रालेस (कोस्टा-रिका)*

*@ **बैक फ्लैप चित्र** : अमन कोणार्क*

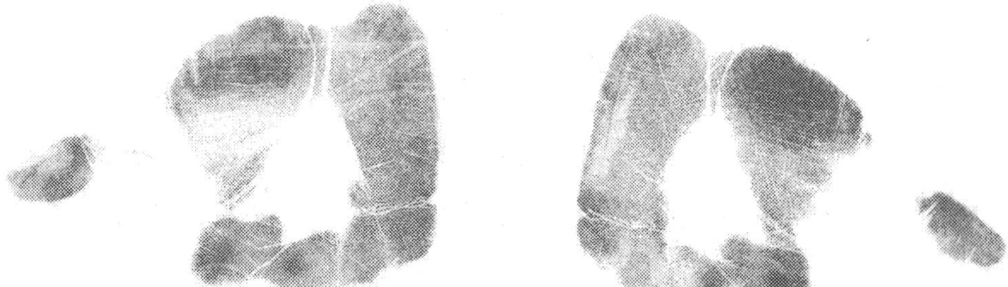

भारतीय संस्कृति में जिस तरह नई नवेली दुल्हन अपने पिया के संग गृह प्रवेश करते वक़्त हल्दी के हाथ घर के प्रवेश द्वार पे लगा के नई ज़िंदगी का शुभ शगुन करती है ठीक उसी तरह लेखक अपनी नई ज़िंदगी का शुभ शगुन अपने हाथ स्याही में डूबो इस किताब-ए-इबादत से कर रहा है ....

@ अरविंद सिंह सेंगर "मड़ोरीवाले"

|| पत्र "Letter" ||

संपर्क पता :

लेखक : अमन कोणार्क "इबादती"
पार्ट्रिज इण्डिया, एक पेंगुइन कंपनी
पेंगुइन बुक्स इंडिया प्रा,
11, सामुदायिक केंद्र, पंचशील पार्क,
नई दिल्ली 110017, भारत

Address for Communication :

Author : Aman Konark 'Ibaadati'
PARTRIDGE INDIA, A Penguin Company
Penguin Books India Pvt.Ltd,
11, Community Centre, Panchsheel Park,
New Delhi 110017, India